JAPANESE FOR BUSY PEOPLE II
The Workbook for the Revised 3rd Edition

JAPANESE FOR BUSY PEOPLE

II

The Workbook
for the Revised 3rd Edition

Association for Japanese-Language Teaching
AJALT

KODANSHA USA
New York

The Association for Japanese-Language Teaching (AJALT) was recognized as a nonprofit organization by the Ministry of Education in 1977. It was established to meet the practical needs of people who are not necessarily specialists on Japan but who wish to communicate effectively in Japanese. In 1992 AJALT was awarded the Japan Foundation Special Prize. In 2010 it became a public interest incorporated association. AJALT maintains a website at www.ajalt.org.

Published by Kodansha USA, Inc., 451 Park Avenue South, New York, NY 10016

Distributed in the United Kingdom and continental Europe by Kodansha Europe Ltd.

First published in Japan in 1996 by Kodansha International
Second edition 2007 published in Japan by Kodansha International
First US edition 2012 published by Kodansha USA

Printed in the United States of America
21 20 19 18 17 16 15 14 13 12   12 11 10 9 8 7 6 5 4 3 2 1

ISBN: 978-1-56836-402-5

Illustrations by Shinsaku Sumi and Hiroshi Wakana (p. 75 only)

CD narration by Yuki Minatsuki, Takako Suzuki, Yuri Haruta, Koji Yoshida, Tatsuo Endo, Sosei Shinbori, and Howard Colefield

CD recording and editing by the English Language Education Council, Inc.

www.kodanshausa.com

CONTENTS

THE WORKBOOK

INTRODUCTION

This new edition of *Japanese for Busy People II: The Workbook* has been fully reworked to match the revised 3rd edition of *Japanese for Busy People II*.

Whereas Book I of the Busy People series introduces the most basic patterns for constructing simple sentences in Japanese, Book II aims to provide students with the foundational skills for forming more complex expressions that will enable them to further advance their command of the language. As you look through this workbook, therefore, you will probably notice that the Japanese presented in the back is considerably more difficult than what appears toward the front. Put another way, this means that by successfully completing the materials covered in Book II and in the workbook, you will be able to proceed from "survival level" all the way to intermediate and even advanced fluency.

This book has been designed as a supplement: you use it after completing each lesson in the main text in order to confirm your mastery of the grammar presented therein and enhance your ability to understand and carry out communicative tasks related to the topics covered. To this end, it has been written to be slightly more advanced and faster-paced than the main text, while also dealing with topics a little outside those already found in the Target Dialogues and Speaking Practice sections.

How to Use the Workbook

The workbook is made up of 15 lessons the content of which is based on the corresponding lessons in the main text. The exercises fall into three broad types. Because the kinds of practice required by students vary at different points in their study, these three types of exercises, too, differ in style from lesson to lesson. In this way, the book is arranged to fit the needs of students at every stage. The three types are:

Practice. The Practice exercises appear at the start of each lesson. Students at this level of study typically find that while they understand the grammar well enough in their heads, it still takes a long time for them to actually get the Japanese out, if at all. Accordingly, the Practice exercises in the first three lessons focus on allowing students to practice reading and writing kana, and from there to grow accustomed to using them to drill grammar. The Practice exercises in Lessons 4 to 6 go on to help students master the plain forms of verbs through repetition. The more you are able to grasp the rules for making plain forms and familiarize yourself with common examples at this stage, the easier it will be for you to proceed through the rest of the book. The exercises in Lessons 7 to 15 often involve short reading comprehension passages that are designed to help you understand the context in which certain grammatical patterns should be applied. Use these exercises to develop your reading skills. In Lessons 10 to 13, the Practice sections are divided into Practice 1 and Practice 2; the second sets up different situations—negotiating schedules, gathering information, stating preferences, and explaining special circumstances—in order to have you put to use in simulated conversation the various expressions you have learned.

Listening Challenge. The Listening Challenges throughout the book provide practice in following conversations or narrative passages through the ear alone. Listen to each exercise on the CD and confirm your understanding by working through the activities provided. The scripts for all the listening exercises appear in the back of the book along with their English translations.

Reading & Writing. Featured in the Reading & Writing sections are a series of fictional blog entries written by Rosa Hoshino, a Canadian, reporting her travels to various places in Japan during a yearlong stay. Formal written Japanese differs considerably from spoken forms of the language both in terms of style as well as level of vocabulary. Learners at the Book II stage will benefit most from being exposed to informal prose that is close to speech, since the vocabulary and expressions introduced through such prose will prove as equally useful to them in conversational situations as in reading and writing. Hence the choice of a blog, usually written in colloquial style, as reading material. In the blog, Rosa discusses her experiences and thoughts while in Japan. After reading and making sure you understand each entry, try to use some of her expressions and rhetorical patterns to practice relating similar experiences of your own. Some of the passages consist of personal exchanges of e-mail rather than blog entries.

To work through these parts of the book,

1. Read the passage and try to understand it while paying attention to any new vocabulary.
2. Recount in your own words the experiences that Rosa relates in the passage.
3. Practice describing similar experiences that you have had.
4. Write a comment about your own experiences in the space provided.

Vocabulary

For the most part, the vocabulary in this workbook follows what was previously introduced in Books I and II, so many of the words in it should already be familiar to you. New words, where they come up, are listed together with their English glosses. Words introduced in later lessons in Book II, which you cannot be expected to know yet, are conveniently cross-referenced to the lessons in the main text in which they appear, e.g., song [→ L4]. This is to alert you to the fact that they will come up again. Also, like in the main text, Regular II verbs are marked "R2."

Note on the Japanese

Like the main text, the workbook makes use of kanji, with the exception of Lessons 1 to 3, which omit kanji altogether in order to accommodate students who may not yet be sufficiently familiar with hiragana and katakana. These students should make sure to thoroughly review their kana while going through these lessons, paying particular attention to the rules for representing such special sounds as long vowels, modified vowels, and double consonants. The Reading & Writing exercises all use kanji regardless of whether they appear in Lessons 1 to 3 or beyond.

The Cast of Characters

The cast of characters in all portions of the workbook except the Reading and Writing sections is the same as in the main text: the employees of ABC Foods (a fictional company), their families, and friends. The Reading and Writing sections feature Rosa Hoshino and her friends and acquaintances.

Acknowledgments for *Japanese for Busy People II: The Workbook* (Revised Edition, 1996)

Four AJALT teachers wrote this book: Akiko Kajikawa, Reiko Kondo, Izumi Sawa, and Junko Shinada. They were assisted by Mikiko Ochiai. We would also like to express our gratitude to Haruko Matsui and Satoko Mizoguchi, whose advice was invaluable in the preparation of this workbook.

Acknowledgments for *Japanese for Busy People II: The Workbook for the Revised 3rd Edition*

This workbook was written by AJALT members Rosa Maekawa, Tomoko Mitaki, Yoshiko Niino, Minako Saito, Junko Shinada, and Yuko Takagahara. Yuko Harada, Makiko Nakano, Izumi Sawa, Naoko Takatori, and Shigeyo Tsutsui are also to be thanked for their encouragement and support.

Some of the exercises in this book were created based on ones appearing in *Japanese for Busy People III: The Workbook* (Revised Edition, 1999), created by Akiko Kajikawa, Izumi Sawa, and Yoriko Yoshida.

THE WORKBOOK

◆ **Practice**

どこか　なにか　だれか

Fill in each blank by choosing the appropriate word from the options given in the boxes.

❶ Mr. Suzuki asks Ms. Nakamura to go on a date with him on their day off tomorrow.

すずき：　あしたは　やすみですね。.. いきませんか。

なかむら：いいですね。.. いきましょうか。

すずき：　ぎんざに　いって　えいがを　みませんか。

なかむら：そうですね。そう　しましょう。

どこか	どこに	どこで

❷ While on their date, Mr. Suzuki gets hungry and asks Ms. Nakamura if she would like to get something to eat.

すずき：　おなかが　すきましたね。.. たべませんか。

なかむら：そうですね。.. たべましょうか。

すずき：　おすしは　どうですか。

なかむら：いいですね。そう　しましょう。

なにを	なにか	なにも

❸ Mr. Mills calls the meeting room receptionist to reserve a room.

ミルズ：　.. かいぎしつを　つかっていますか。

うけつけ：いいえ、.. つかっていません。

ミルズ：　じゃ、いまから　２じかん　おねがいします。

うけつけ：わかりました。

だれが	だれか	だれも

NEW WORDS

おなかが　すきましたね   I'm hungry, how about you?

なにが いいですか

❶ Look at the menu and practice reading it.

のみもの		ケーキ	
ブレンドコーヒー	￥250	バナナケーキ	￥420
アメリカンコーヒー	￥280	フルーツケーキ	￥450
エスプレッソ	￥300	チーズケーキ	￥460
カフェ・オレ	￥350	チョコレートケーキ	￥480
カプチーノ	￥400	マロンパイ	￥500
こうちゃ	￥420	アップルパイ	￥520

❷ A and B are in a coffee shop. A asks B what he/she would like to drink. Complete the dialogues as in the example.

例) のみもの、ブレンドコーヒー
れい
　　→ A：のみものは　なにが　いいですか。
　　　 B：ブレンドコーヒーが　いいです。

1) のみもの、カプチーノ
　　→ A：..
　　　 B：..

2) ケーキ、アップルパイ
　　→ A：..
　　　 B：..

❸ Place orders for the desired drinks and desserts as specified.

例) ブレンドコーヒー　2、チーズケーキ　1
れい
　　→ブレンドコーヒーを　ふたつと　チーズケーキを　ひとつ　おねがいします。

1) カプチーノ　3、マロンパイ　2
　　→ ....

2) こうちゃ　3、チョコレートケーキ　1、アップルパイ　2
　　→ ....
　　　..

なにが　いいでしょうか

Mr. Suzuki is talking with Mr. Kato about what they should give a colleague for a birthday present. Make up dialogues following the pattern of the example. Replace the underlined parts with the alternatives given.

例) あした、ミルズさん、ネクタイ

　　→すずき：<u>あしたは　ミルズさんの</u>　たんじょうびです
　　　　　　ね。なにか　プレゼントを　かいませんか。
　　かとう：そうですね。なにが　いいでしょうか。
　　すずき：<u>ネクタイ</u>は　どうですか。
　　かとう：そうですね。そうしましょう。

1)　こんしゅうの　きんようび、なかむらさん、マグカップ

　　→すずき：..

　　　　　　..

　　かとう：..

　　すずき：..

　　かとう：..

2)　らいしゅうの　かようび、マリーさん、にほんの　うたの　ＣＤ

　　→すずき：..

　　　　　　..

　　かとう：..

　　すずき：..

　　かとう：..

3)　らいしゅうの　どようび、ささきさん、えいがの　ＤＶＤ

　　→すずき：..

　　　　　　..

　　かとう：..

　　すずき：..

　　かとう：..

⬭ NEW WORDS

うた　　　　　　　　song [→ L4]

～と ～と どちらが ／ ～の ほうが（～より）／ ～が いちばん

Answer the questions after each reading passage.

❶

しんかんせんは とうきょうを 8じに でて、おおさかに 11じに つきます。ひこうきは とうきょうを 9じに でて、おおさかに 10じ15ふんに つきます。

1) とうきょうから おおさかまで しんかんせんで どのぐらい かかりますか。

....

2) とうきょうから おおさかまで ひこうきで どのぐらい かかりますか。

....

3) とうきょうから おおさかまで ひこうきと しんかんせんと どちらが は
やいですか。

....

❷

とうきょうの ちかてつは あさと ゆうがた とても こんでいます。あさの ほうが ゆうがたより こんでいます。8じはんごろが いちばん こんでいます。あさは みちも こんでいますから、ちかてつの ほうが くるまより はやいです。

1) とうきょうの ちかてつは あさと ゆうがたと どちらが こんでいますか。

....

2) とうきょうでは あさ ちかてつと くるまと どちらが はやいですか。

....

NEW WORDS

はやい	fast [→ L2]
ゆうがた	evening [→ L5]
みち	road, street [→ L8]

❸ Below is a chart listing times and fares for different ways of getting from Tokyo Station to Narita Airport and vice versa. Practice explaining how much time and money each option takes. Then answer the questions that follow.

東京駅　〜　成田空港
とうきょうえき　　なりたくうこう

こうつうきかん	時間 じかん	料金 りょうきん
成田エクスプレス なりた	やく１時間 じかん	２，９４０円 えん
リムジンバス	やく８０分 はちじゅっぷん	３，０００円 えん
タクシー	やく５０分 ごじゅっぷん	やく１７，０００円 えん

1) なりたエクスプレスは　とうきょうえきから　なりたくうこうまで　どのぐらい　かかりますか。

　　..

2) なりたエクスプレスと　リムジンバスと　どちらが　じかんが　かかりますか。

　　..

3) なりたエクスプレスは　とうきょうえきから　なりたくうこうまで　いくらですか。

　　..

4) タクシーは　いくらですか。

　　..

5) なりたエクスプレスと　リムジンバスと　どちらが　やすいですか。

　　..

6) こうつうきかんの　なかで　どれが　いちばん　たかいですか。

　　..

NEW WORDS

こうつうきかん	means of transportation [→ L8]	やく	approximately [→ L12]
料金 りょうきん	fare, fee [→ L11]	リムジンバス	airport shuttle
成田エクスプレス なりた	Narita Express (name of an express train running between Narita Airport and surrounding metropolitan areas)		

🎧 Listening Challenge

Listen to the CD and answer the questions.

❶ すずきさんと　かとうさんと　どちらが　よく　ジムに　いきますか。
Tr. 1

....

❷ きのうの　パーティーで　すずきさんと　ミルズさんと　どちらが　たくさん
Tr. 2 ビールを　のみましたか。

....

❸ なかむらさんの　くるまと　すずきさんの　くるまと　どちらが　たかいです
Tr. 3 か。

....

❹ 1）ミルズさんは　すきやきが　すきですか。
Tr. 4

....

2）ミルズさんは　すきやきを　よく　たべますか。

....

❺ 1）ミルズさんは　しゅうまつに　どこに　いきますか。
Tr. 5

....

2）ミルズさんと　かとうさんと　どちらが　ゴルフが　じょうずですか。

....

✏ Reading & Writing

ローザの　ブログ

4月5日
はじめまして

星野ローザです。せんしゅう　カナダから　はじめて　日本に　来ました。これから　日本で　えいごを　おしえます。来年の　3月まで　日本に　います。日本の　いろいろな　ところに　行きたいです。

わたしの　ちちは　日本人ですが、ははは　カナダ人です。にほんごは　だいがくで　べんきょうしました。

きょう　わたしの　ブログを　つくりました。みなさん、どうぞ　よんでください。そして、コメントを　かいてください。

ところで、日本には　おいしい　たべものが　たくさん　ありますね。わたしは　おすしと　てんぷらと　すきやきが　すきです。ほかに　何か　おいしい　ものが　ありますか。だれか　おしえてください。

NEW WORDS

ローザ	Rosa
ブログ	blog [→L9]
星野	Hoshino (surname)
はじめて	for the first time [→L7]
これから	starting now [→L4]
いろいろ（な）	various, all sorts [→L9]
べんきょうします	study [→L4]
みなさん	everyone (polite form) [→L6]
コメント	comment
ところで	by the way (used to signal a change in topic)
ほかに	else, besides, other than
おいしい　もの	good-tasting thing

コメント 1

ローザさん、こんにちは。

大阪の　大田です。
ローザさんは　おこのみやきを　しっていますか。大阪の　おこのみやきは
日本で　いちばん　おいしいですよ。ぜひ　たべてみてください。

コメント 2

ローザさん、はじめまして。

広島の　広田です。
おこのみやきは　広島の　ほうが　大阪より　おいしいですよ。広島の　お
このみやきも　ぜひ　たべてみてください。

大田さん、はじめまして。
来週　大阪に　行きます。どこか　おいしい　おこのみやきやを　おしえて
ください。

コメント 3

広田さん、大田です。
大阪えきの　ちかくの　大阪やが　おいしいですよ。ぜひ　行ってみてくだ
さい。

コメント 4

....

....

....

大田さん、広田さん、コメント　ありがとうございました。大阪の　おこのみや
きと　広島の　おこのみやきと　りょうほう　たべてみます。　　　　ローザ

● NEW WORDS

大田	Ota (surname)	広島	Hiroshima
おこのみやき	*okonomiyaki* (floury omelet containing vegetables and meat or seafood) [→ L5]	広田	Hirota (surname)
		大阪や	Osaka-ya (fictional restaurant)

LESSON 2

◇ **Practice**

〜たいんですが

Below is a floor directory for an electronics shop in Akihabara, Tokyo. Pretend you are a customer and ask where it is you need to go to do something you want to do, as in the example. Then, pretending to be a sales assistant, answer the question by referring to the floor directory.

あきはばらカメラ

3F	テレビ	せんたくき	ドライヤー	そうじき
2F	パソコン	ケーブル	プリンター	インク
1F	けいたい	ビデオカメラ	デジカメ	めざましどけい

● NEW WORDS

あきはばらカメラ	Akihabara Cameras (fictional business)	ケーブル	cable
せんたくき	washing machine	プリンター	printer
ドライヤー	dryer	インク	ink
そうじき	vacuum cleaner	めざましどけい	alarm clock

10

例) デジカメを　かいます。
_{れい}
　　→きゃく：　すみません。<u>デジカメを　かいたいんですが。</u>
　　　てんいん：デジカメは　<u>１かい</u>でございます。
　　　　　　　　　　　　　　_{いっ}

　1) プリンターを　かいます。
　　　→きゃく：　すみません。..

　　　てんいん：プリンターは　...でございます。

　2) パソコンを　みます。
　　　→きゃく：　すみません。..

　　　てんいん：パソコンは　...でございます。

　3) そうじきの　パンフレットを　もらいます。
　　　→きゃく：　すみません。..

　　　てんいん：そうじきは　...でございます。

～は　～より　／　～は　～で　いちばん

Ms. Nakamura is talking about her family while showing pictures of them. Answer the questions based on what she says.

❶

わたしの　りょうしんです。
　ちちは　りょうりが　すきです。はは
より　よく　りょうりを　します。しゅ
うまつに　いつも　おいしい　てんぷら
を　つくります。ちちの　てんぷらは
ははの　てんぷらより　おいしいです。

ははは　うたが　すきです。よく　カラオケに　いきます。ちちも　うたが　すき
ですが、ちちは　あまり　カラオケに　いきません。ははは　わたしより　あたら
しい　うたを　よく　しっています。

　1) なかむらさんの　おとうさんと　おかあさんと　どちらが　よく　りょうりを
　　　しますか。

　　　..

NEW WORDS

りょうりを　します　　　　cook
カラオケ　　　　　　　　　　karaoke [→ L4]

2) おとうさんの　てんぷらと　おかあさんの　てんぷらと　どちらが　おいしい
です　か。

....

3) おとうさんと　おかあさんと　どちらが　よく　カラオケに　いきますか。

....

4) なかむらさんと　おかあさんと　どちらが　あたらしい　うたを　よく　しっ
ています　か。

....

❷

　あにと　おとうとです。ふたりとも　サッカーの　せんしゅ
です。おとうとは　だいがくの　チームで　サッカーを　して
います。おとうとは　あにより　せが　ひくいですが、あによ
り　サッカーが　じょうずです。おとうとは　まいにち　サッ
カーの　れんしゅうを　しています。
　あには　かいしゃの　チームで　サッカーを　しています。
しゅうまつに　れんしゅうを　しています。あには　とても　おしゃれです。とき
どき　いっしょに　かいものを　します。あには　わたしより　たくさん　ふくを
かいます。

1) なかむらさんの　おにいさんと　おとうとさんと　どちらが　せが　たかいで
すか。

....

2) おにいさんと　おとうとさんと　どちらが　サッカーが　じょうずですか。

....

3) おにいさんと　おとうとさんと　どちらが　よく　サッカーの　れんしゅうを
していますか。

....

4) おにいさんと　なかむらさんと　どちらが　たくさん　ふくを　かいますか。

....

● NEW WORDS

チーム	team	ふく	clothes
おしゃれ	stylish, fashionable		

もっと ～のは　ありませんか

❶ Give the antonym of each adjective.

例）おおきい　⟷　<u>ちいさい</u>
れい

1）おもい　⟷　...

2）ふとい　⟷　...

3）はでな　⟷　...

4）ひくい　⟷　...

5）かたい　⟷　...

6）うすい　⟷　...

❷ You are shopping. You can't find exactly what you're looking for, so you ask the clerk for something better suited to your needs than what is available. Complete the sentences making use of the appropriate adjective, as in the example.

例）
れい

ちょっと　おおきいです。

→ <u>もっと　ちいさいのは</u>　ありませんか。

1）

ちょっと　おもいです。

→ .... は　ありませんか。

13

2) 　ちょっと　ふといです。

→ .... は　ありませんか。

3) 　ちょっと　はでです。

→ .... は　ありませんか。

4) 　ちょっと　たかいです。

→ .... は　ありませんか。

5) 　ちょっと　かたいです。

→ .... は　ありませんか。

6) 　ちょっと　あついです。

→ .... は　ありませんか。

🌀 Listening Challenge

Listen to the CD and answer the questions.

1 While working late, Mr. Suzuki and Ms. Nakamura get hungry and decide to call it a day and go
Tr. 6 out for dinner to a local pizza joint. They are now discussing which joint they should go to. Listen
to the dialogue and answer the questions.

1) ローマは　こんでいますか。

....

2) ナポリは　こんでいますか。

....

3) ローマの　ピザは　ナポリの　ピザより　おいしいですか。

....

4) なかむらさんと　すずきさんは　どちらの　ピザに　しますか。

....

2 Shika Chandra is describing the places in which she and her sister each live. Listen to what she says
Tr. 7 and answer the questions.

1) おねえさんの　マンションと　シカさんの　マンションと　どちらが　ひろ
いですか。

....

....

2) おねえさんの　マンションと　シカさんの　マンションと　どちらが　えき
から　ちかいですか。

....

....

3) おねえさんの　マンションと　シカさんの　マンションと　どちらが　しず
かですか。

....

....

4) おねえさんの　マンションの　ちかくに　なにが　ありますか。

....

....

✏ Reading & Writing

ローザの　ブログ

4月9日
（がつここのか）

秋葉原
（あきはばら）

きょうは　秋葉原に　行きました。みちや　えきや　でんしゃの　なかに　人が　たくさん　いました。東京は　ほんとうに　人が　おおいですね。
（あきはばら）（い）（ひと）（とうきょう）（ひと）

デパートの　まえで　店の　人が　そうじきの　じつえんはんばいを　していました。店の　人の　にほんごは　とても　はやかったです。ぜんぜん　わかりませんでした。
（みせ）（ひと）（みせ）（ひと）

「かった！かった！」って　何ですか？　だれか　おしえてください。
（なん）

おひるに　秋葉原の　コンビニで　おにぎりを　二つ　かいました。店の　人は私より　わかい　おとこの　人でした。日本人ですが　かみは　きんいろでした。そして、くるくる　カールしていました。
（あきはばら）（ふた）（みせ）（ひと）（わたし）（ひと）（にほんじん）

コメント 1

ローザさん、こんにちは。横浜の　Yです。わたしも　秋葉原に　よく　行きます。
（よこはま）（あきはばら）（い）
じつえんはんばいは　おもしろいですね。
「かった！」は　「かってください」と　おなじ　いみです。
せんげつ　秋葉原で　けいたいを　かいました。
（あきはばら）
「けいたい」は　えいごで　何ですか？
（なん）

NEW WORDS

秋葉原（あきはばら）	Akihabara (district in Tokyo)	きんいろ	gold, blond
じつえんはんばい	demonstration sale	くるくる	in circles, round and round
〜って	(informal topic marker)	カールしていました	had curls
おひる	lunch [→ L14]	いみ	meaning
わかい	young	えいごで	in English
かみ	hair [→ L3]		

コメント２

こうこうせいの　Kです。いま　うちの　ちかくの　コンビニで　アルバイトを　しています。私(わたし)も　かみが　きんいろです。

コメント３

....

....

....

....

....

....

Yさん、コメント　ありがとうございました。

「かってください」ですか。よく　わかりました。

「けいたい」は　えいごで　"cell phone"です。

Kさん、コンビニは　べんりですね。私(わたし)の　うちの　ちかくにも　あります。

ローザ

NEW WORDS

こうこうせい	high school student
アルバイト	part-time job

LESSON ③

◆ Practice

～で／くて

Answer the questions after reading each passage.

①

　レストランローマは　イタリアりょうりの　レストランで、ちかてつの　ぎんざえきの　ちかくに　あります。ちょっと　たかいですが、ピザが　おいしくて　にぎやかな　レストランです。いちにちじゅう　こんでいます。みせの　ひとは　イタリアじんですが、にほんごが　じょうずで　しんせつです。

　1) レストランローマは　どこに　ありますか。

　　　　　　　　　　　　　　　　　　　　　　　　　　

　2) レストランローマは　どんな　レストランですか。

　　　　　　　　　　　　　　　　　　　　　　　　　　

　3) レストランローマの　みせの　ひとは　どうですか。

　　　　　　　　　　　　　　　　　　　　　　　　　　

②

　レストランとうきょうは　にほんりょうりの　レストランで、とうきょうビルの　1かいに　あります。りょうりは　やすくて　おいしいです。てんぷらが　ゆうめいです。みせの　ひとは　あかるくて　しんせつです。

　1) レストランとうきょうは　なんの　レストランですか。

　　　　　　　　　　　　　　　　　　　　　　　　　　

　2) レストランとうきょうは　どこに　ありますか。

　　　　　　　　　　　　　　　　　　　　　　　　　　

NEW WORDS

いちにちじゅう　　all day long　　　とうきょうビル　　Tokyo Building (fictitious building)

3) レストランとうきょうの　りょうりは　どうですか。

....

4) レストランとうきょうは　なにが　ゆうめいですか。

....

5) レストランとうきょうの　みせの　ひとは　どうですか。

....

❸ A is asking B about his/her preferences regarding various things. Complete the dialogues as in the example.

例）ふとい、はでな
れい
　　　A：どんな　ネクタイが　いいですか。
→ B：<u>ふとくて　はでな</u>　ネクタイが　いいです。

1) ほそい、じみな
　　　A：どんな　ネクタイが　いいですか。
→ B：.. ネクタイが　いいです。

2) おとなしい、ちいさい
　　　A：どんな　いぬが　いいですか。
→ B：.. いぬが　いいです。

3) やわらかい、デザインが　いい
　　　A：どんな　ソファが　いいですか。
→ B：.. ソファが　いいです。

4) いろが　きれいな、ヒールが　たかい
　　　A：どんな　くつが　いいですか。
→ B：.. くつが　いいです。

5) デザインが　シンプルな、ちいさい
　　　A：どんな　くるまが　いいですか。
→ B：.. くるまが　いいです。

NEW WORDS

デザインが　いい	well-designed
ヒールが　たかい	high-heeled
デザインが　シンプル（な）	simple, minimalist (of design)

6) やさしい、あたまが いい

　　→ A：どんな じょうしが いいですか。

　　　 B：... じょうしが いいです。

～ています

❶ You are ordering at a restaurant and would like to know whether a dish includes a particular item. Refer to the illustrations to practice conducting conversations as in the example.

例）　　1) 　2)

例）サンドイッチ

　　チーズ、トマト、レタス

　　ピクルス

　　→ Q：<u>サンドイッチ</u>に　なにが　はいっていますか。

　　　 A：<u>チーズと　トマトと　レタス</u>が　はいっています。

　　　 Q：<u>ピクルス</u>も　はいっていますか。

　　　 A：いいえ、<u>ピクルス</u>は　はいっていません。

1) やきそば

　　やさい、ぶたにく

　　えび

　　→ Q：...

　　　 A：...

　　　 Q：...

　　　 A：...

● NEW WORDS

あたまが　いい	smart, bright	ピクルス	pickle
チーズ	cheese	やきそば	*yakisoba* (stir-fried noodles)
トマト	tomato	ぶたにく	pork [→ L12]
レタス	lettuce	えび	shrimp

2) スープ

さかな、とうふ、しょうが

とうがらし

→ Q : ....

　 A : ....

　 Q : ....

　 A : ....

❷ You are at a restaurant and would like to know what a combination or set course comes with. Refer to the illustrations to practice conducting conversations.

例）
れい

1)

2)

例）ハンバーガー・セット
れい

　　ハンバーガー　＋　のみもの、フライドポテト

　　→ Q：ハンバーガー・セットに　なにが　ついていますか。

　　　 A：ハンバーガーに　のみものと　フライドポテトが　ついています。

1) とんかつていしょく

　　とんかつ　＋　ごはん、みそしる

　　→ Q : ....

　　　 A : ....

2) モーニングセット

　　コーヒー　＋　トースト、たまご

　　→ Q : ....

　　　 A : ....

NEW WORDS

とうふ	tofu	〜ていしょく	fixed meal
しょうが	ginger	ごはん	rice
とうがらし	red pepper	みそしる	miso soup
ハンバーガー・セット	hamburger combo	モーニングセット	breakfast set
とんかつていしょく	pork cutlet meal	トースト	toast
とんかつ	pork cutlet	たまご	egg [→ L9]

21

🎧 **Listening Challenge**

❶ Listen to the CD. For each exchange, circle the illustration, A or B, that best represents what you heard.

❷ Listen to the CD. For each recorded statement (a., b., c.), put either a T for true in the parentheses if the illustration matches what you heard, or an F for false if it doesn't.

1)
Tr. 12

a. (   )
b. (   )
c. (   )

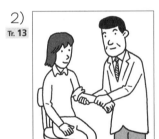

2)
Tr. 13

a. (   )
b. (   )
c. (   )

3)
Tr. 14

a. (   )
b. (   )
c. (   )

4)
Tr. 15

a. (   )
b. (   )
c. (   )

✏ **Reading & Writing**

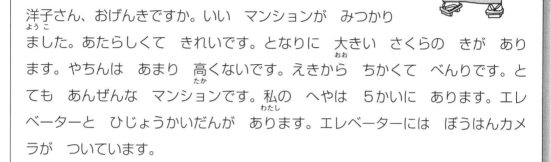

メール

5月9日
がつここの か

あたらしい　マンション

洋子さん、おげんきですか。いい　マンションが　みつかり
ようこ
ました。あたらしくて　きれいです。となりに　大きい　さくらの　きが　あり
おお
ます。やちんは　あまり　高くないです。えきから　ちかくて　べんりです。と
たか
ても　あんぜんな　マンションです。私の　へやは　5かいに　あります。エレ
わたし
ベーターと　ひじょうかいだんが　あります。エレベーターには　ぼうはんカメ
ラが　ついています。

1かいに　かんり人が　すんでいます。かんり人は　あかるくて　しんせつな
いっ　　　　　　にん　　　　　　　　　　　　　　　にん
人です。私の　母より　すこし　としうえです。きれいずきで　いつも　そうじ
ひと　わたし　はは
を　しています。

マンションは　東京の　したまちに　あります。きのう　みちで　おすもうさん
とうきょう
を　みました。ゆかたを　きて　げたを　はいていました。

NEW WORDS

洋子 ようこ	Yoko (female given name)	ぼうはんカメラ	security camera [ぼうはん→ L15]
おげんきですか	How are you?	としうえ	older
さくらの　き	cherry tree	きれいずき（な）	tidy
き	tree [→ L8]	いつも	always [→ L4]
やちん	rent	したまち	old part of town
あんぜん（な）	safe [→ L13]	おすもうさん	sumo wrestler
ひじょうかいだん	emergency staircase	げた	geta (Japanese wooden sandals)

私は この マンションが とても 気に 入りました。ぜひ あそびに 来て ください。来週の ごつごうは いかがですか。おへんじを まっています。

星野ローザ

メールの　へんじ

5月13日
ＲＥ：あたらしい　マンション

メール　ありがとう。

私も ローザさんに あいたいです。あたらしい マンションも みたいです。 でも、ざんねんですが、来週 は じかんが ありません。ごめんなさい。ローザ さんは 来月 いそがしいですか。

鎌倉の 私の うちにも あそびに 来てください。ふるいですが、にわが ひ ろくて へやも たくさん あります。ゆっくり とまりに 来てください。りょ うしんも そふも まっています。

洋子

NEW WORDS

気に　入ります	like, care for [→ L9]
ごつごう	convenience (polite form) [→ L10]
（お）へんじ	reply, answer [→ L6]
ごめんなさい	I'm sorry
ゆっくり	slowly, leisurely [→ L10]
とまります	stay overnight [→ L9]

Write an e-mail to a friend. Describe your home and the neighborhood you live in, and then invite that friend to your house. Refer to Rosa's e-mail as necessary for vocabulary and sentence patterns.

◇ **Practice**

～ですか

Try using the following expressions for greeting a colleague or an acquaintance. The minimum response without being rude would be to nod and say えぇ.

例）
れい

しゅっちょうですか。

ええ。

1) ざんぎょうですか。

2) おでかけですか。

3) まちあわせですか。

4) （お）かいものですか。

5) （お）さんぽですか。

6) デートですか。

7) （ご）りょこうですか。

◯ NEW WORDS

おでかけ	going someplace
まちあわせ	waiting for someone

デート   date [→ L13]

～んです

❶ Reply to the questions below by offering a little more information than yes or no. Be sure to use ん です as in the example.

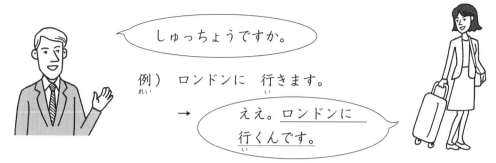

しゅっちょうですか。

例） ロンドンに　行きます。
_{れい}　　　　　　　　_い

→　　ええ。ロンドンに
　　　行くんです。
　　　_い

1) パーティーが　あります。

　　ミルズ：　おでかけですか。

　　→グリーン：ええ。 ....

2) ともだちと　あいます。

　　ミルズ：まちあわせですか。

　　→中村：　ええ。 ....
　　　_{なかむら}

3) おんせんに　行きます。
　　　　　　　_い

　　となりの　人：ごりょこうですか。
　　　　　　　_{ひと}

　　→加藤：　　　ええ。 ....
　　　_{かとう}

4) 毎朝　1時間　あるきます。
　　_{まいあさ}　_{じかん}

　　となりの　人：おさんぽですか。
　　　　　　　_{ひと}

　　→シカ：　　　ええ。 ....

5) ともだちと　えいがを　みに　行きます。
　　　　　　　　　　　　　　　_い

　　ミルズ：デートですか。

　　→チャン：いいえ。 ....

❷ In each situation below, Mr. Mills encounters Mr. Suzuki doing or saying something he finds puzzling. Make up dialogues using んですか and んです as in the example.

例) ミルズ：いつも　ここで　ひるごはんを　たべますか。
れい

→ いつも　ここで　ひるごはんを　たべるんですか。

鈴木：ええ、時間が　ありません。
すずき　　　　じかん

→ ええ。時間が　ないんです。
　　　じかん

1) ミルズ：ぜんぶ　一人で　しますか。
　　　　　　　　　ひとり

→ ....

鈴木：　ええ。アシスタントが　いません。
すずき

→ ....

2) ミルズ：あるいて　来ますか。
　　　　　　　　　き

→ ....

鈴木：　ええ。ちかくに　すんでいます。
すずき

→ ....

3) ミルズ：ええっ、１２時まで　かいしゃに　いますか。
　　　　　　　　　　じ

→ ....

鈴木：　ええ。しごとが　たくさん　あります。
すずき

→ ....

4) ミルズ：ええっ、ぜんぜん　かいものに　行きませんか。
　　　　　　　　　　　　　　　　　　い

→ ....

鈴木：　ええ。いつも　インターネットで　かいます。
すずき

→ ....

5) ミルズ：ええっ、ぜんぜん　へやを　そうじしませんか。

→ ....

鈴木：　ええ。この　そうじロボットが　します。
すずき

→ ....

● NEW WORDS

ぜんぶ	all [→ L14]	インターネット	the Internet [→ L13]
ええっ	huh? what? [→ L15]	ロボット	robot

～に ～回
かい

Look at each illustration below and state how frequently each person does something. Then give the number of times you yourself perform that same activity.

例）中村さんは　週に　3回　せんたくを　します。
れい　　なかむら　　　しゅう　　かい

私は　..
わたし

中村、3回／週
なかむら　　かい　しゅう

1) 山本、毎日
やまもと　まいにち

2) 佐々木、1回／週
さ さ き　いっかい　しゅう

3) 鈴木、1回／月
すずき　いっかい　つき

4) マリー、1回／年
いっかい　ねん

5) チャン、3回／1日
かい　　にち

6) シカ、2回／1日
かい　　にち

7) 加藤、毎朝
か とう　まいあさ

8) グリーン、1回／3日
いっかい　みっ か

9) ミルズ、1回／2週間
いっかい　　しゅうかん

NEW WORDS

かみを　きる　　　　cut one's hair

きる　　　　　　　　cut [→ L12]

ひげを　そる　　　　shave

🎧 Listening Challenge

Listen to the CD and fill in the blanks with what you heard.

❶ Mr. Mills runs into Ms. Nakamura at a café near the office.

Tr. 16

ミルズ：よく　この　カフェに 1) ....。

中村：　ええ。毎朝　しごとの　前に　よります。
なかむら　　　　　まいあさ　　　　　　まえ

ミルズ：かいしゃの　コーヒーは 2) ....。

中村：　ええ。この　カフェの　コーヒーの　ほうが
なかむら

　　　　3) ....。

❷ During lunch, Ms. Nakamura asks Ms. Chan whether she takes lessons in anything.

Tr. 17

中村：　チャンさんは　何か 1) ....。
なかむら　　　　　　　　なに

チャン：2) ....　わだいこを

　　　　ならっています。

中村：　わだいこですか。いいですね。
なかむら

　　　　どこで 3) ....。

チャン：うちの　ちかくの　コミュニティーセンターです。

　　　　こんど　4) ....来ませんか。
　　　　　　　　　　　　　　　　　　き

中村：　ええ、ぜひ。
なかむら

❸ Ms. Nakamura happens to come across Mr. Mills in the supermarket parking lot.

Tr. 18

中村：　あ、ミルズさん、こんにちは。
なかむら

ミルズ：あ、中村さん、こんにちは。
　　　　　　なかむら

中村：　1) ....。
なかむら

ミルズ：ええ。今日は　バーベキューを 2) ....
　　　　　　きょう

　　　　..............................。

中村：　そうですか。よく　バーベキューを 3) ....
なかむら

　　　　..............................。

ミルズ：ええ。なつは　4) ....。

30

Reading & Writing

ローザの　ブログ

6月3日
_{がつみっか}

鎌倉の　うち
_{かまくら}

今日は　ともだちの　洋子さんの　うちに　行きました。洋
_{きょう}　　　　　　　　_{よう}　　　　　　　　　　　　　_い
子さんの　うちは　鎌倉に　あります。東京から　鎌倉まで
_こ　　　　　　　_{かまくら}　　　　　_{とうきょう}　　　_{かまくら}
でんしゃで　1時間　かかりました。洋子さんの　うちは
_{じかん}　　　　　　　　　_{ようこ}
大きい　うちで、わふうの　にわが　ありました。大きい
_{おお}　　　　　　　　　　　　　　　　　　　　　　　　_{おお}
いけで　きれいな　にしきごいが　およいでいました。

洋子さんの　うちで　はじめて　ぼんさいを　みました。
_{ようこ}
50センチぐらいの　まつの　きで、えだが　くねくね
_{ごじゅっ}
まがっていました。洋子さんの　おじいさんは　ぼんさいが
_{ようこ}
すきで、毎朝　5時に　おきて　せわを　します。
_{まいあさ}　_じ

洋子さんの　うちには　ちゃしつが　あります。4じょうは
_{ようこ}　　　　　　　　　　　　　　　　　　　　　　_よ
んの　小さい　へやです。その　へやには　小さい　いりぐ
_{ちい}　　　　　　　　　　　　　　　　　　_{ちい}
ちが　あって、にわから　入ります。洋子さんの　おかあさ
_{はい}　　_{ようこ}
んは　さどうの　せんせいです。はじめて　まっちゃを　の
みました。ちょっと　にがかったですが、おいしかったです。

NEW WORDS

わふう	Japanese style	くねくね　まがっている	be bent this way and that
いけ	pond [→ L8]	せわを　する	take care (of), tend to [→ L9]
にしきごい	colored carp	ちゃしつ	tearoom
ぼんさい	bonsai	4じょうはん _よ	four and a half tatami mats (used to describe the size of a room)
センチ	centimeter		
まつの　き	pine tree	まっちゃ	thick, bitter green tea used in tea ceremony [→ L5]
まつ	pine		
えだ	branch	にがい	bitter

コメント 1

スザンヌです。きょねん　カナダから　日本に　来ました。私は　月に　２
回　さどうを　ならっています。せんげつ　はじめて　きものを　きました。
さどうの　せんせいは　いつも　きものを　きています。あかるくて　やさ
しいです。ローザさんも　いっしょに　さどうを　ならいませんか。

コメント 2

....

....

....

....

....

....

スザンヌさん、コメント　ありがとうございました。スザンヌさんは　どこで
さどうを　ならっているんですか。私も　ならいたいです。　　　　　ローザ

NEW WORDS

スザンヌ　　　Suzanne

LESSON 5

◆ Practice

～たんです　／　～たんですか

1 Mr. Mills is at a party at Ms. Nakamura's house. He compliments his host on various things she owns. Flattered, Ms. Nakamura starts telling him more about the objects. Complete Ms. Nakamura's statements by following the pattern of the example.

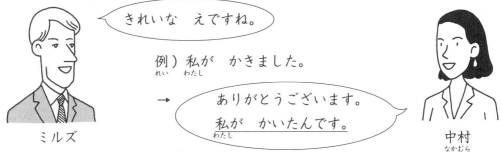

きれいな　えですね。

例）私が　かきました。
れい　わたし

→　ありがとうございます。
　　私が　かいたんです。
　　わたし

ミルズ　　　　　　　　　　　　　　　　中村
　　　　　　　　　　　　　　　　　なかむら

1) ともだちに　もらいました。

ミルズ：すてきな　とけいですね。

→中村：　ありがとうございます。..
なかむら

2) きょねん　フランスで　かいました。

ミルズ：おいしい　ワインですね。

→中村：　ありがとうございます。..
なかむら

3) なつやすみに　北海道で　とりました。
　　　　　　　　ほっかいどう

ミルズ：すばらしい　しゃしんですね。

→中村：　ありがとうございます。..
なかむら

4) 父が　とうげいきょうしつで　つくりました。
ちち

ミルズ：いい　コーヒーカップですね。

→中村：　ありがとうございます。..
なかむら

NEW WORDS

とうげいきょうしつ	pottery class
とうげい	pottery, ceramics
きょうしつ	class(room)

33

5) きのうの 夜 そうじを しました。
   よる

   ミルズ： へやが とても きれいですね。

   →中村： ありがとうございます。 ....
     なかむら

❷ Mr. Mills is asking Ms. Chan various questions because he is curious to learn more about her recent vacation to Hawaii. Fill in Mr. Mills's questions by following the pattern of the example.

ハワイの おみやげです。どうぞ。

例） いつ ハワイに 行きましたか。
れい   い

→ いつ ハワイに 行ったんですか。
        い

チャン

せんしゅう 行きました。
        い

ミルズ

1) どのぐらい ハワイに いましたか。

   →ミルズ： ....

   チャン：２週間 いました。
        しゅうかん

2) ハワイの どこに 行きましたか。
              い

   →ミルズ： ....

   チャン：ハワイとうの コナです。

3) 毎日 何を していましたか。
   まいにち なに

   →ミルズ： ....

   チャン：毎日 フラダンスの れんしゅうを していました。フラダンスの
        まいにち
        レッスンに 行ったんです。
              い

4) いつから フラダンスの れんしゅうを していますか。

   →ミルズ：へえ。 ....

   チャン：３年前からです。来月 はっぴょうかいが あるんです。ぜひ 見
        ねんまえ   らいげつ   み
        に 来てください。
           き

● NEW WORDS

ハワイ	Hawaii [→ L8]	フラダンス	hula
ハワイとう	Hawaii Island	～前 まえ	ago
コナ	Kona	はっぴょうかい	recital

❸ Ms. Nakamura invites Ms. Chan to have dinner, but Ms. Chan must decline her offer. Complete Ms. Chan's statements as in the example.

例) にほんごの　クラスが　あります。
れい
　　　中村：　こんばん　いっしょに　食事を　しませんか。
　　　なかむら　　　　　　　　　　　　しょくじ
　→チャン：すみません。今日は　にほんごの　クラスが　あるんです。
　　　　　　　　　　　きょう
　　　中村：　そうですか。じゃ、また　こんど。
　　　なかむら

1) ６時から　かいぎが　あります。
　　　じ

→ ....

2) ともだちが　成田に　つきます。
　　　　　　　なりた

→ ....

3) にもつが　来ます。
　　　　　　き

→ ....

4) くにから　母が　来ています。
　　　　　　はは　き

→ ....

❹ Mr. Suzuki notices Mr. Mills, who has just arrived late to a party. Mr. Mills tries to explain to Mr. Suzuki why it took him so long to come. Complete Mr. Mills's statements as in the example.

例) 仕事が　おわりませんでした。
れい　しごと
　　　鈴木：　ミルズさん、いま　来たんですか。
　　　すずき
　→ミルズ：ええ、仕事が　おわらなかったんです。
　　　　　　　しごと　　　　き

1) みちが　こんでいました。

→ ....

2) ばしょが　わかりませんでした。

→ ....

3) チャンさんを　まっていました。

→ ....

4) あしたの　かいぎの　じゅんびを　していました。

→ ....

⬭ **NEW WORDS**

ばしょ　　　　　place, location

35

～た　ことが　あります

❶ Change each sentence into a statement of past experience, as in the example.

例）日本の　おまつりを　見ます。
れい
　→ 日本の　おまつりを　見た　ことが　あります。
　　にほん　　　　　　　み

1) おにぎりを　食べます。
　　　　　　　た
　→ ....

2) うまに　のります。
　→ ....

3) からてを　します。
　→ ....

4) 東京タワーに　のぼります。
　とうきょう
　→ ....

5) カラオケで　うたを　うたいます。
　→ ....

⬤ NEW WORDS

うま　　　　　horse
のぼる　　　　go up, climb [→ L15]

❷ Read through each dialogue and fill in the blank with the appropriate response.

1) 中村：　マリーさんは　きものを　きた　ことが
なかむら
ありますか。

マリー：ええ、.. 。

中村：　へえ。いつ　きたんですか。
なかむら

マリー：今年の　１月に　ともだちの　うちで
こ　とし　　　　がつ
きました。ここに　しゃしんが　あります。

中村：　よく　にあいますね。
なかむら

2) 鈴木：　ミルズさんは　さくらもちを　食べた　ことが　ありますか。
すずき　　　　　　　　　　　　　　　　　　　　　　た

ミルズ：いいえ、.. 。さくらもちって

何ですか。
なん

鈴木：　日本の　おかしです。これです。あまい　もの
すずき　にほん
は　すきですか。

ミルズ：ええ、すきです。

鈴木：　じゃ、一つ　どうぞ。
すずき　　　ひと

NEW WORDS

さくらもち　　　　　*sakuramochi* (a pink rice cake filled with bean jam and wrapped in a salted cherry leaf)

あまい　もの　　　　sweets, sweet foods

37

❸ Mr. Suzuki, Mr. Mills, and Ms. Nakamura are talking about special experiences they have had. Read the statements and practice explaining in your own words what each person is saying. Then talk about a special experience of your own.

サッカーの ワールドカップの けっしょうを 見た ことが あります。2002年に 横浜で 見ました。ブラジル たい ドイツの しあいでした。ブラジルが かって ゆうしょうしました。

1) 鈴木
すず き

ビクトリアの たきに 行った ことが あります。ビクトリアの たきは ザンビアと ジンバブエの こっきょうに あります。とても 大きい たきでした。レインコートを きていましたが、たきの ちかくでは ぬれました。にじが きれいでした。

2) ミルズ

ウィーンの ぶとうかいで おどった ことが あります。5年前の 2月に 行きました。ルンバや チャチャチャや ワルツを おどりました。私は ウィンナーワルツが いちばん すきです。また ぶとうかいで おどりたいです。

3) 中村
なかむら

● **NEW WORDS**

ワールドカップ	the World Cup	ぬれる (R2)	get wet
けっしょう	finals, final match	にじ	rainbow
〜たい〜	. . . versus . . .	ウィーン	Vienna
かつ	win	ぶとうかい	ball
ゆうしょうする	win (an entire event, such as a tournament)	おどる	dance
ビクトリアの たき	Victoria Falls	ルンバ	rumba
ザンビア	Zambia	チャチャチャ	cha-cha
ジンバブエ	Zimbabwe	ワルツ	waltz
こっきょう	national border	ウィンナーワルツ	Viennese waltz
レインコート	raincoat		

🎧 Listening Challenge

Listen to the CD and fill in the blanks with what you heard.

❶ Mr. Mills and Ms. Sasaki are chatting one morning after a three-day weekend.
Tr. 19

佐々木：きのうは　いい　てんきでしたね。

ミルズ：ええ。ともだちと　うみに　行って　バーベキューを　1) ....

　　　　　　　　　　..........................、たのしかったですよ。

佐々木：いいですねえ。どこの　うみに　2) ....。

ミルズ：鎌倉です。佐々木さんは　鎌倉に　行った　ことが　ありますか。

佐々木：ええ。りょうしんが　鎌倉に　3) ....。

ミルズ：そうですか。いい　ところですね。

❷ Mr. Mills notices Mr. Suzuki rubbing his feet.
Tr. 20

鈴木：　ああ、あしが　いたい。

ミルズ：何か　スポーツを　1) ....。

鈴木：　いいえ、きのうの　夜　六本木から　うちまで　あるいて　2) ....

　　　　　　..。

ミルズ：どうして　タクシーに　3) ....。

鈴木：　お金が　4) ....。

❸ Mr. Mills is drinking coffee out of a fancy mug.
Tr. 21

加藤：　ミルズさん、いい　コーヒーカップですね。

ミルズ：これは　私が　1) ....。

加藤：　ええっ、ほんとうですか。いつ　とうげいを　2) ....。

ミルズ：きのう　はじめて　ならったんですよ。新宿の　デパートで　とうげい

　　　　きょうしつが　あったんです。加藤さんは　とうげいを　3) ....

　　　　　　..。

加藤：　いいえ、ありません。ならってみたいんですが、時間が　4) ....

　　　　　　..。

📝 Reading & Writing

ローザの ブログ

7月 24 日
（がつ にじゅうよっ か）
ダイビング

きのう 洋子さんと おにいさんの けんじさんと ３人で
（ようこ）　　　　　　　　　　　　　　　（にん）
伊豆に ダイビングに 行きました。伊豆は けしきが き
（い ず）　　　　　　　（い）　　　　（い ず）
れいで ダイビングポイントが たくさん あります。

洋子さんの おにいさんの けんじさんは ベテランの ダイバーです。年に
（ようこ）　　　　　　　　　　　　　　　　　　　　　　　　　　　　　（ねん）
２、３回、ハワイや オーストラリアに ダイビングに 行きます。さかなの
（かい）　　　　　　　　　　　　　　　　　　　　　　（い）
なまえや いい ダイビングポイントを たくさん しっています。きょねんか
ら ２か月に １回 ダイビングの ざっしに きじを かいています。
　　（げつ）（いっかい）

伊豆で けんじさんの ともだちが ダイビングショップを やっています。朝
（い ず）　　　　　　　　　　　　　　　　　　　　　　　　　　　　　　（あさ）
くるまで 鎌倉を でて、9時ごろ その ダイビングショップに つきました。
　　　　　（かまくら）　（じ）
ビーチに 行って じゅんびを して、１０時２０分から ４０分ぐらい ダイ
（い）　　　　　　　　　　　　　（じ にじゅっ ぷん）　（よんじゅっ ぷん）
ビングを しました。

コメント 1

こんにちは。鈴木です。ともだちが 沖縄で ダイビングショップを やっ
　　　　（すずき）　　　　　　　　（おきなわ）
ています。２０日の 朝 ひこうきで 東京を でて、１０時ごろ 沖縄に
（はつ か）（あさ）　　　（とうきょう）　　　　（じ）　　　（おきなわ）
つきました。その 日の 午後 ともだちと いっしょに ダイビングを
　　　　　　　（ひ）（ごご）
しました。マンタを 見ましたよ。
　　　　　　　　（み）
ローザさんは 沖縄に 行った ことが ありますか。
　　　　　　（おきなわ）（い）

NEW WORDS

けんじ	Kenji (male name)	ダイバー	diver
伊豆 （い ず）	Izu (peninsula in Shizuoka Pre- fecture southwest of Tokyo)	２、３回 　　（かい）	two or three times
		きじ	article
ダイビング	diving	ダイビングショップ	diving shop
けしき	scenery, view	やる	run (a shop)
ダイビングポイント	diving spot	ビーチ	beach [ビーチ・リゾート→L11]
ベテラン	veteran, expert	マンタ	manta ray

コメント2

....
....
....
....

鈴木さん、マンタを　見たんですか。いいですね。　　　　　　　　　　ローザ
すずき　　　　　　　　　み

うみの　中で
　　　　なか

伊豆の　うみは　ちょっと　つめたかったですが、きれいで
いず
した。私は　うみの　中で　のんびり　およぎました。あた
わたし　　　　　　　なか
まの　うえを　あじの　むれが　およいでいました。うみの
中で　あじが　かがやいていました。
なか

ソフトコーラルも　見ました。ソフトコーラルは　やわらかい　さんごです。い
み
ろいろな　いろが　あります。

イソギンチャクの　中に　おもしろい　さかなが　いました。その　さかなは
なか
えいがで　見た　ことが　あります。クマノミです。からだの　いろが　はでで
み
かおが　かわいかったです。

私は　なんまいも　しゃしんを　とりました。
わたし

NEW WORDS

のんびり	leisurely	イソギンチャク	sea anemone
あじ	horse mackerel	クマノミ	clownfish
むれ	school (of fish)	からだ	body [→L9]
かがやく	shine	なんまいも	a great many, lots and lots (of something that can be counted using 〜まい, such as photographs)
ソフトコーラル	soft coral		
さんご	coral		

コメント1

伊豆で　さかなやと　すしやを　やっています。伊豆は　さかなが　おいし
いですよ。ローザさん、うちの　すしを　食べに　きてください。

すしまさ

コメント2

ローザさんは　ペットが　いますか。私の　ペットは　クマノミです。えい
がを　見て　すぐ　ペットショップで　かいました。なまえは　ニモです。
かおが　おもしろいです。毎日　せわを　しています。

コメント3

....
....
....
....
....
....
....
....

こんど　ダイビングの　帰りに　すしまさの　おすしを　食べに　行きますね。
カナダの　うちに　小さい　いぬが　います。みみが　ながくて　あしが　みじ
かいです。うちの　いぬも　かおが　おもしろいですよ。　　　　　ローザ

NEW WORDS

| ペット | pet |
| ニモ | Nimo |

◈ **Practice**

～く／に

❶ Change the adjectives to their adverbial forms, as in the examples.

例） 　1) 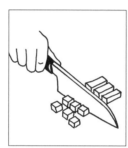　2) 　3)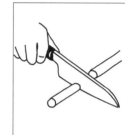

4) 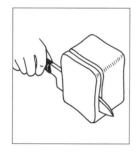　5) 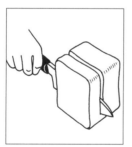　6) 　7)

例）大きい　→ 大きく　きってください。

1) 小さい　→ .... きってください。

2) みじかい　→ .... きってください。

3) ながい　→ .... きってください。

4) うすい　→ .... きってください。

5) あつい　→ .... きってください。

6) きれいな　→ .... つつんでください。

7) しずかな　→ .... あるいてください。

❷ There was a party yesterday. Complete each sentence by filling in the blank with the adverbial form of the adjective given, as in the example.

例）はやい　　　→　いつもより　<u>はやく</u>　おきました。

1）きれい　　　→　...　そうじを　しました。

2）たのしい　　→　みんなで　...　食事を　しました。
しょくじ

3）じょうずな　→　チャンさんが　...　うたを　うたいました。

～てきます

During a break in a meeting, Mr. Mills decides to step out to do something. Pretend you are Mr. Mills and say what you are going to go do by following the pattern of the example.

加藤：　１０分　休みましょう。
か とう　　じゅっ ぷん　やす

ミルズ：例）でんわを　します。
れい
　　　　→　<u>じゃ、ちょっと　でんわを</u>
　　　　　　<u>してきます。</u>

1）コピーを　します。　　　　　→じゃ、ちょっと ....

2）コーヒーを　買います。　　　→じゃ、ちょっと ....
か

3）メールを　見ます。　　　　　→じゃ、ちょっと ....
み

4）たばこを　すいます。　　　　→じゃ、ちょっと ....

5）ファックスを　おくります。→じゃ、ちょっと ....

6）てがみを　だします。　　　　→じゃ、ちょっと ....

7）しりょうを　さがします。　→じゃ、ちょっと ....

8）ファイルを　とります。　　→じゃ、ちょっと ....

9）データを　しらべます。　　→じゃ、ちょっと ....

NEW WORDS

いつもより　　　　　(more . . .) than usual

メールを　見る　　　check e-mail
　　　　み

～た／ない　ほうが　いいです

Read each passage and construct sentences giving advice as in the examples.

①

> 　ミルズさんは　かぜを　ひきました。ねつが　ありますが、かいしゃで　仕事を_{しごと}
> しています。そして、たばこを　すっています。中村さんが_{なかむら}　ミルズさんに　アド
> バイスを　しています。

例_{れい}）うちに　帰ります。_{かえ}　　　→ <u>うちに　帰った_{かえ}　ほうが　いいですよ。</u>

1) びょういんに　行きます。_い→ ....

2) 薬を_{くすり}　飲みます。_の　　→ ....

3) はやく　ねます。　　　→ ....

4) たばこを　すいません。→ ....

5) ２、３日_{にち}　休みます。_{やす}　→ ....

②

> 　山本さんは_{やまもと}　ハンバーガーが　とても　すきです。よく　ハンバーガーを　食_た
> べますが、やさいは　あまり　食べません。食事の_{しょくじ}　後で_{あと}　あまい　ものを　食_た
> べます。まいばん　ビールを　たくさん　飲みます。_の山本さんは_{やまもと}　今日から_{きょう}　ダイ
> エットを　します。週に_{しゅう}　１回_{いっかい}　ジムで　およぎます。ジムの　インストラクター
> が　山本さんに_{やまもと}　アドバイスを　しています。

例_{れい}）ハンバーガーを　食べません。_た→ <u>ハンバーガーを　食べない_た　ほうが　いい</u>
　　　　　　　　　　　　　　　<u>ですよ。</u>

1) やさいを　食べます。_た　　　→ ....

2) あまい　ものを　食べません。_た→ ....

3) ビールを　飲みません。_の　　→ ....

4) 毎日_{まいにち}　ジムで　およぎます。→ ....

NEW WORDS

アドバイス	advice
インストラクター	instructor, teacher

45

LESSON 6

❸

　　ミルズさんは　あした　はじめて　富士山に　のぼります。
富士山は　３７７６メートルです。今日は　ちかくの　まち
は　３０どですが、富士山の　ちょうじょうは　１０どです。
ミルズさんは　はんそでの　シャツを　きて、ショートパン
ツを　はきます。ぼうしを　かぶりません。レインコートを
もっていきません。加藤さんは　富士山に　のぼった　こと
が　あります。加藤さんが　ミルズさんに　アドバイスを
しています。

例）レインコートを　もっていきます。

　　　→ レインコートを　もっていった　ほうが　いいですよ。

1) ながそでの　シャツを　きます。

　　→ ....

2) ショートパンツを　はきません。

　　→ ....

3) ぼうしを　かぶります。

　　→ ....

4) セーターを　もっていきます。

　　→ ....

NEW WORDS

メートル	meter
ちょうじょう	summit
はんそで	short sleeves
ショートパンツ	shorts
もっていく	take along
ながそで	long sleeves

46

もう ～ました ／ まだ ～ていません

Mr. Kato is confirming with Ms. Chan whether she has finished the tasks he has asked her to do. Refer to the memo to complete Ms. Chan's replies.

もう　ひこうきの　きっぷを　よやくしましたか。

いいえ、まだ　していません。

加藤
かとう

チャン

Things to Do

- ☐ ひこうきの　きっぷを　よやくする
- ☑ しりょうを　コピーする
- ☐ ふるい　ファイルを　かたづける
- ☐ メールの　へんじを　だす
- ☑ つぎの　会議の　日を　きめる
      かいぎ　　ひ
- ☐ プロジェクトの　メンバーに　しりょうを　わたす

---

1) 加藤：　もう　しりょうを　コピーしましたか。
   かとう
   チャン：はい、もう ....

2) 加藤：　もう　ふるい　ファイルを　かたづけましたか。
   かとう
   チャン：いいえ、まだ ....

3) 加藤：　もう　メールの　へんじを　だしましたか。
   かとう
   チャン：いいえ、まだ ....

4) 加藤：　もう　つぎの　会議の　日を　きめましたか。
   かとう　　　　　　　かいぎ　ひ
   チャン：はい、もう ....

5) 加藤：　もう　プロジェクトの　メンバーに　しりょうを　わたしましたか。
   かとう
   チャン：いいえ、まだ ....

NEW WORDS

メンバー　　　member [→ L9]

わたす　　　　hand out/over [→ L15]

LESSON 6

～んです ／ ～なんです

In each situation below, Mr. Mills is making complaints to a person he does not know well. Phrase his complaints appropriately following the pattern of the example.

例）ここは　きんえんです。
れい

→ あのう、ここは　きんえんなんですが。

ミルズ

どうも　すみません。　おとこの　人
ひと

1) ここは　ちゅうしゃきんしです。
　　→ミルズ：　　　あのう、...
　　おとこの　人：どうも　すみません。
　　　　　　ひと

2) そこは　わたしの　せきです。
　　→ミルズ：　　　あのう、...
　　おとこの　人：どうも　すみません。
　　　　　　ひと

3) にもつが　じゃまです。
　　→ミルズ：　　　あのう、...
　　おとこの　人：どうも　すみません。
　　　　　　ひと

4) ちょっと　うるさいです。
　　→ミルズ：　　　あのう、...
　　おとこの　人：どうも　すみません。
　　　　　　ひと

5) ちょっと　さむいです。
　　→ミルズ：　　　あのう、...
　　おとこの　人：じゃ、まどを　しめましょう。
　　　　　　ひと

NEW WORDS

じゃま（な）　　obstructive, in the way
うるさい　　noisy [→ L11]

48

🎧 Listening Challenge

Listen to the CD and fill in the blanks based on what you heard.

❶ 中村：ミルズさん、1) ....。
なかむら

ミルズ：(with hands on his back) せなかと　こしが 2) ....。

ここの　つくえや　いすは　カナダのより　ひくくて 3) ....

.... 。

中村：ああ、それは　よくないですね。ミルズさんは　せが　高いですから、
なかむら　　　　　　　　　　　　　　　　　　　　　　　　　　　　　　たか

もっと　高い　つくえを　つかった　ほうが　いいですよ。ぶちょうに
　　　　たか

いいましたか。

ミルズ：いいえ、まだ 4) ....。

中村：ぶちょうに　いって、あたらしい　つくえを　買った　ほうが　いいで
なかむら　　　　　　　　　　　　　　　　　　　　　　　か

すよ。

ミルズ：そうですね。そうします。

❷ Mr. Suzuki and Mr. Mills are having lunch together.

鈴木：ミルズさんは　しゅうまつは　何を 1) ....。
すずき　　　　　　　　　　　　　　なに

ミルズ：スポーツですね。土曜日も　日曜日も　午前中は　ジムに　行きます。
　　　　　　　　　　　　どようび　　にちようび　　ごぜんちゅう　　　　い

鈴木さんは？
すずき

鈴木：わたしは　よく　パソコンの　前に　すわっていますね。
すずき　　　　　　　　　　　　　　まえ

ミルズ：パソコンで　何を 2) ....。
　　　　　　　なに

鈴木：ゲームですよ。ゲーム。1日に　10時間ぐらい 3) ....
すずき　　　　　　　　　　　　にち　　　　じかん

.... 。

ミルズ：ゲーム？　10時間ですか。それは　よくないですよ。休みの　日は
　　　　　　　　　じかん　　　　　　　　　　　　　　　　　やす　　ひ

うんどうを 4) .... ほうが　いいですよ。へい

じつは　仕事で　一日中　すわっていますから。
　　　　しごと　　いちにちじゅう

鈴木：でも 5) ....。
すずき

49

✏ **Reading & Writing**

ローザの　ブログ

8月 24 日
（がつ にじゅうよっか）

富士山
（ふ じ さん）

先週の　しゅうまつに　洋子さんと　洋子さんの　お父さ
（せんしゅう）　　　　　　　（ようこ）　　　（ようこ）　　　（とう）
んと　富士山に　のぼりました。土曜日の　午後から　の
　　　（ふ じ さん）　　　　　　（ど よう び）　（ご ご）
ぼって、夜は　9ごうめの　やまごやに　とまりました。
　　　（よる）

やまごやで　佐藤さんと　高木さんに　会いました。二人は　かいしゃいんです。
　　　　　　（さ とう）　（たか ぎ）　（あ）　　　　（ふた り）
北海道から　富士山に　のぼりに　来ました。佐藤さんは　せが　高くて　ハン
（ほっかいどう）　（ふ じ さん）　　　　　（き）　（さ とう）　　　　　（たか）
サムな　スポーツマンでした。高木さんは　はなしが　じょうずで　しんせつな
　　　　　　　　　　　　　　（たか ぎ）
人でした。
（ひと）

日曜日の　朝　はやく　おきて　ちょうじょうまで　のぼりました。すこし　ね
（にちよう び）（あさ）
むかったです。そして、さむかったです。5時　すこし　前に　ちょうじょうに
　　　　　　　　　　　　　　　　　　　（じ）　　　（まえ）
つきました。まだ　たいようは　のぼっていませんでした。5時　すこし　すぎ
　　　　　　　　　　　　　　　　　　　　　　　　（じ）
に　たいようが　のぼりはじめました。ごらいこうです。とても　うつくしかっ
たです。

● NEW WORDS

9ごうめ	ninth stage (in a climb route, out of a total of ten)
やまごや	mountain hut
高木（たか ぎ）	Takagi (surname)
かいしゃいん	company employee, salaryman
ハンサム（な）	handsome
スポーツマン	athlete
はなし	talking
たいようが　のぼる	the sun rises
のぼりはじめる (R2)	begin to rise
ごらいこう	sunrise viewed from a mountaintop
うつくしい	beautiful [→ L12]

コメント１

先週の　しゅうまつに　私も　かぞくと　富士山に　のぼったんです。私たちは　ゆっくり　のぼって、6時　ちょうどに　ちょうじょうに　つきました。ローザさんと　洋子さんに　会いたかったです。

コメント２

きのう　ともだちと　富士山に　のぼってきました。ごらいこうも　見ましたよ。私は　はじめて　高い　やまに　のぼりましたから　ほんとうにたいへんでした。9ごうめからは　10分に　1回　休みました。とてもつかれました。

コメント３

LESSON 7

◆ Practice

～まえに ／ ～てから ／ ～の とき

❶ Ms. Nakamura went to a wedding. At the reception she was given profiles of the bride, Mariko Nakano, and the bridegroom, Shin'ichi Tamura. Read the profiles and use them to fill in the chart on p. 54. Be sure to use the plain, present-affirmative form of the verb.

田村真一さん
たむらしんいち

　真一さんは　１９７８年２月に　シカゴで　生まれました。１９８３年に　ニューヨークに　ひっこしました。１９９０年に　はじめて　日本に　来て、神戸の　中学に　入りました。それから、高校そつぎょうまで　神戸に　すんでいました。真一さんは　スポーツが　とくいです。中学で　テニス部に　入りましたが、高校では　バスケットボール部に　入りました。

　１９９６年に　高校を　そつぎょうして、アメリカの　大学に　入学しました。大学では　けいえい学を　べんきょうしました。２０００年に　大学をそつぎょうして、サンフランシスコで　ベンチャービジネスを　はじめました。２００２年に　パーティーで　まり子さんと　しりあいました。真一さんの　会社は　２００４年に　日本の　会社と　プロジェクトを　はじめました。それから、月に　１、２回、しゅっちょうで　東京に　来ています。

NEW WORDS

田村 たむら	Tamura (surname)	テニス部 ぶ	school tennis team
真一 しんいち	Shin'ichi (male name)	けいえい学 がく	business administration
シカゴ	Chicago	サンフランシスコ	San Francisco
神戸 こうべ	Kobe	ベンチャービジネス	business venture
とくい（な）	good at, excellent in	まり子 こ	Mariko (female name)

中野まり子さん
なかの　　　　こ

　まり子さんは　１９７９年４月に　鹿児島で　生まれました。１９８９年に
東京に　ひっこしました。東京で　中学に　入りました。子どもの　ときか
とうきょう　　　　　　　　　　　とうきょう　　　　ちゅうがく　　はい
ら　スポーツが　すきです。中学では　テニス部の　キャプテンでした。高校
ちゅうがく　　　　　　　　　ぶ　　　　　　　　　　こうこう
に　入ってからも　テニスを　つづけました。１９９６年に　インターハイに
はい　　　　　　　　　　　　　　　　　　　　　　ねん
でました。１９９７年に　大学に　入って、けんちくの　べんきょうを　しまし
はい　　　　　　　　　ねん　だいがく　はい
た。２００１年に　大学を　そつぎょうして、アメリカの　デザインスクールに
ねん　だいがく
りゅうがくしました。２００２年に　パーティーで　真一さんと　しりあいまし
ねん　　　　　　　　　　　しんいち
た。つぎの　年に　デザインスクールを　そつぎょうして、アメリカの　けんち
とし
くじむしょに　しゅうしょくしました。今は　そこで　仕事を　しています。
いま　　　　　　　　しごと

NEW WORDS

中野 なかの	Nakano (surname)
鹿児島 かごしま	Kagoshima (Prefecture)
キャプテン	captain
インターハイ	Inter-High School Athletic Meet (annual nationwide sports competition for high school students)
インターハイに　でる	participate in the Inter-High School Athletic Meet
けんちく	architecture
デザインスクール	design school
りゅうがくする	study abroad
年 とし	year
けんちくじむしょ	architectural office

Age	真一 しんいち	年 とし	まり子 こ	Age
0	▪ シカゴで 生まれる う	1978		
1		1979	6) ▪	0
5	1) ▪	1983		4
6		1984		5
11		1989	7) ▪	10
12	2) ▪ ▪ 中学に 入る ちゅうがく　　はい	1990		11
13		1991	▪ 中学に 入る ちゅうがく　　はい	12
16		1994	▪ 高校に 入る こうこう　　はい	15
17		1995		16
18	▪ 高校を そつぎょうする こうこう 3) ▪	1996	8) ▪	17
19		1997	▪ 大学に 入る だいがく　　はい	18
20		1998		19
22	▪ 大学を そつぎょうする だいがく 4) ▪	2000		20
23		2001	9) ▪ ▪ アメリカの デザイン 　スクールに りゅうがくする	22
24	▪ まり子さんと しりあう こ	2002	▪ 真一さんと しりあう しんいち	23
25		2003	▪ デザインスクールを 　そつぎょうする 10) ▪	24
26	5) ▪	2004		
28	▪ まり子さんと けっこんする こ	2006	▪ 真一さんと けっこんする しんいち	27

❷ Refer to the chart at left to answer the questions.

1) まり子さんは　真一さんが　何さいの　とき　生まれましたか。

2) 真一さんは　何さいの　とき　日本に　来ましたか。

3) 真一さんは　中学に　入る　前に　日本に　来ましたか、中学に　入って
から　日本に　来ましたか。

4) まり子さんは　中学の　とき　インターハイに　でましたか、高校の　とき
でましたか。

5) まり子さんは　何さいの　とき　アメリカに　行きましたか。

6) まり子さんは　大学を　そつぎょうする　前に　デザインスクールに　りゅう
がくしましたか、そつぎょうしてから　りゅうがくしましたか。

7) 真一さんは　大学を　そつぎょうする　前に　ベンチャービジネスを　はじめ
ましたか、そつぎょうしてから　はじめましたか。

8) まり子さんは　デザインスクールを　そつぎょうする　前に　真一さんと
しりあいましたか、そつぎょうしてから　しりあいましたか。

9) まり子さんは　デザインスクールを　そつぎょうして　すぐ　けっこんしまし
たか。

☉ Listening Challenge

❶ Listen to the CD and fill in the name of each thing pictured.

Tr. 24

1) .... 2) ....

3) .... 4) ....

5) .... 6) ....

  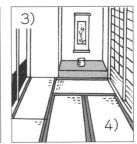 

❷ Listen to the CD and put a T by the statements that are true and an F by those that are false.

Tr. 25

Steve is a student who has come to Japan to stay with the Katos for the next month. Mrs. Kato, Steve's host mother, explains to him how to use his slippers.

1) (　　　) げんかんに　入る　前に、くつを　ぬぎます。
2) (　　　) うちに　入ってから、げんかんで　くつを　ぬぎます。
3) (　　　) スリッパは　うちの　中で　はきます。
4) (　　　) わしつに　入る　前に、スリッパを　ぬぎます。
5) (　　　) わしつに　入ってから、スリッパを　ぬぎます。
6) (　　　) トイレには　トイレ用の　スリッパが　あります。
7) (　　　) スリッパで　テラスに　でても　いいです。

NEW WORDS

げんかん	foyer, entrance hall	たたみ	tatami mat
スリッパ	slippers	トイレ	toilet [→ L10]
わしつ	Japanese-style room [→ L9]		

✏ Reading & Writing

ローザの　ブログ

8月29日
<small>がつ　にち</small>
ざぜんの　会
<small>かい</small>

先週の　土曜日に、京都の　ぜんでらで　ざぜんの　会が
<small>せんしゅう　どようび　きょうと　かい</small>
ありました。この　会には　毎年　おおぜいの　外国人が
<small>かい　まいとし　がいこくじん</small>
ざぜんを　しに　行きます。
<small>い</small>

私も　はじめて　ざぜんを　たいけんしました。朝　はやく　おきて、朝ごはん
<small>わたし　　　　　　　　　　　　　　　　　　　　　　　あさ　　　　　　　　あさ</small>
を　食べる　前に　おてらに　行きました。ざぜんが　はじまる　前に　おぼう
<small>た　　まえ　　　　　　　　　　　　　　　　　　　　　　　　　　　　　　まえ</small>
さんから　ざぜんの　しかたを　ならいました。

せなかを　まっすぐ　のばして　すわりました。それから　てを　おなかの　あ
たりに　おきました。そして　ゆっくり　こきゅうを　しました。何も　かんが
<small>なに</small>
えませんでした。

ざぜんが　終わってから　おぼうさんの　はなしを　聞きました。はなしの　後
<small>お　　　　　　　　　　　　　　　　　　　　き　　　　　　　　あと</small>
で　みなさんと　いっしょに　朝ごはんを　たべました。それから　さんかしゃ
<small>あさ</small>
が　じこしょうかいを　しました。

NEW WORDS

ざぜん	Zen meditation
会 <small>かい</small>	session, meet
ぜんでら	Zen temple
おおぜい	many, a crowd (of people or animals) [→ L12]
たいけんする	experience, try out
はじまる	begin [→ L10]
おぼうさん	Buddhist priest

しかた	way of doing, procedure
のばす	straighten
こきゅうを　する	breathe
かんがえる (R2)	think about [→ L12]
さんかしゃ	participant [→ L12]
じこしょうかい	self-introduction

コメント 1

はじめまして。森です。今 名古屋の 大学で 日本ぶんがくを べんきょ
うしています。中学生の ときから ふるい おてらや ぶつぞうが すき
でした。インドの おてらを まわった ことも あります。大学に 入っ
てからは、休みに いろいろな おてらに 行って ざぜんを しています。
先週 名古屋の ざぜんの 会で アメリカの かたに 会いました。ロー
ザさんにも いつか 会いたいです。

コメント 2

....
....
....
....
....
....
....
....
....
....

NEW WORDS

森	Mori (surname)
中学生	junior high school student
ぶつぞう	statue of Buddha
インド	India

◈ Practice

～く　なります　／　～に　なります

You are discussing recent changes in and around your life. Complete the sentences as in the example.

例）ひまです
   → きょねん　会社を　やめました。会社を　やめる　前は　いそがしかったです。会社を　やめてから、<u>ひまに　なりました</u>。

1) げんきです
   → 半年前に　ヨガを　はじめました。ヨガを　はじめる　前は　よく　かぜを　ひきました。ヨガを　はじめてから、..。

2) とても　いそがしいです
   → きょねん　あたらしい　仕事を　はじめました。その　仕事を　はじめてから、..。

3) サービスが　いいです
   → レストランナポリは　てんちょうが　かわりました。てんちょうが　かわってから、..。

4) チェックインと　しはらいが　かんたんです
   → ＡＢＣホテルは　よやくシステムが　かわりました。よやくシステムが　かわってから、..。

5) おきゃくさんが　おおいです
   → ＡＢＣホテルは　レストランで　食べほうだいを　はじめました。食べほうだいを　はじめてから、..。

NEW WORDS

てんちょう	store/restaurant manager
よやくシステム	system for making reservations

～る／た　とき

Mr. Kato is talking about what happened last month when he went with his wife to Italy. Answer the questions after reading each passage.

❶

先月　つまと　イタリアに　行った　とき、くうこうの　セキュリティーチェックが　とても　きびしかったです。いつもより　時間が　かかりました。セキュリティーゲートを　とおる　とき、ゲートの　てまえで　ポケットの　なかみを　かごに　入れました。でも、ゲートを　とおった　とき、ブザーが　なりました。もう　いちど　ポケットの　中を　よく　しらべました。ワイシャツの　ポケットに　かぎが　入っていました。私の　後ろに　人が　たくさん　ならんでいました。

1）加藤さんは　セキュリティーゲートを　とおる　とき、何を　しましたか。

....

2）いつ　ブザーが　なりましたか。

....

❷

私は　ひこうきの　中で　えいがを　見ました。私が　えいがを　見ていた　とき、つまは　きないはんばいの　カタログを　見ていました。私は　えいがが　終わってから　ミラノとうちゃくまで　ずっと　ねていました。ひこうきを　おりる　とき、つまは　めんぜいひんの　ふくろを　三つ　もっていました。

1）加藤さんが　えいがを　見ていた　とき、おくさんは　何を　していましたか。

....

2）ひこうきを　おりるとき、おくさんは　何を　もっていましたか。

....

NEW WORDS

セキュリティーゲート	security checkpoint	ワイシャツ	dress shirt
とおる	pass, go through [→ L15]	きないはんばい	in-flight shopping
なかみ	contents	ミラノ	Milan
かご	basket	とうちゃく	arrival [→ L11]
ブザー	buzzer	めんぜいひん	duty-free merchandise
なる	sound, ring		

～と　いっていました

Recently there was a party for graduating foreign students. One of the teachers, however, was unable to attend. Convey the students' messages to the teacher by completing the sentences as in the example.

例）A：先生に　メールします。

→ Aさんは　<u>先生に　メールすると</u>　言っていました。

1) B：なつ休みの　キャンプは　とても　たのしかったです。

→ Bさんは ....

と　言っていました。

2) C：先生に　会いたかったです。

→ Cさんは ....

と　言っていました。

3) D：国に　帰ってからも　日本語の　べんきょうを　つづけます。

→ Dさんは ....

と　言っていました。

4) E：また　日本に　来て　べんきょうを　したいです。

→ Eさんは ....

と　言っていました。

5) F：日本の　会社に　しゅうしょくして　また　日本に　来ます。

→ Fさんは ....

と　言っていました。

6) G：日本は　だい二の　母国です。

→ Gさんは ....

と　言っていました。

NEW WORDS

キャンプ	camping
だい二の	second
母国	homeland, home country

🎧 Listening Challenge

The following are examples of small talk that people might make to remark on changes in climate at the beginning of a season. Answer the questions after listening to each dialogue.

❶ Mr. Kato and Ms. Nakamura are at the office, chatting.

Tr. 26

1) What season is it? Circle the correct answer.

a. はる　　b. なつ　　c. あき　　d. ふゆ

2) Put a T by the statements that are true and an F by those that are false.

a. (　　) さくらは　まだです。
b. (　　) 加藤さんは　今年も　うちで　はなみを　します。
c. (　　) 加藤さんの　うちの　となりに　ちゅうしゃじょうが　あります。

❷ Mr. Kato and Ms. Nakamura are at the office, chatting.

Tr. 27

1) What season is it? Circle the correct answer.

a. はる　　b. なつ　　c. あき　　d. ふゆ

2) Put a T by the statements that are true and an F by those that are false.

a. (　　) 中村さんは　なつ休みに　キャンプに　行きたいと　おもっています。
b. (　　) 中村さんは　はるに　かわに　キャンプに　行きました。
c. (　　) さいきんの　キャンプは　ふべんに　なりました。

❸ Mr. Kato and Ms. Nakamura are standing on a street corner, chatting.

Tr. 28

1) What season is it? Circle the correct answer.

a. はる　　b. なつ　　c. あき　　d. ふゆ

2) Put a T by the statements that are true and an F by those that are false.

a. (　　) 今年の　なつは　すずしかったです。
b. (　　) 中村さんは　あつい　ときに　うみに　行きたいと　おもっています。
c. (　　) 加藤さんは　人が　おおい　うみより　しずかな　うみの　ほうが　すきです。

Mr. Kato and Ms. Nakamura are at the office, chatting.

Tr. 29

1) What season is it? Circle the correct answer.

   a. はる   b. なつ   c. あき   d. ふゆ

2) Put a T by the statements that are true and an F by those that are false.

   a. (   ) 加藤さんは　しょうがつに　スキーに　行きます。
   b. (   ) 中村さんは　スキーに　行きたくないと　おもっています。
   c. (   ) 加藤さんは　1月から　仕事が　いそがしく　なります。

✏ **Reading & Writing**

ローザの　ブログ

9月10日
がつ とお か
高校の　ときの　友だち
こうこう　　　　　　とも

9月に　なりました。日本に　来てから　もう　5か月
がつ　　　　　　　　に ほん　　き　　　　　　　　　　げつ
たちました。

高校生の　とき、私の　クラスに　日本から　りゅうがくせいが　来ました。そ
こうこうせい　　　　わたし　　　　　　　に ほん　　　　　　　　　　　　　　　　き
の　人の　なまえは　さつきさんです。さつきさんは　あかるくて　たのしい
ひと
人でした。私たちは　すぐ　ともだちに　なりました。さつきさんは　私たち
ひと　　わたし　　　　　　　　　　　　　　　　　　　　　　　　　　　　　　わたし
の　高校に　来た　とき、えいごが　あまり　じょうずではありませんでした。
こうこう　き
でも、日本に　帰る　とき　とても　じょうずでした。さつきさんが　日本に
に ほん　かえ　　　　　　　　　　　　　　　　　　　　　　　　　　　　に ほん
帰ってから　ずっと　てがみや　メールを　やりとりしています。
かえ

さつきさんは　秋田に　すんでいます。きょねん　子どもが　生まれて　お母
あき た　　　　　　　　　　　　こ　　　　　　　　う　　　　　かあ
さんに　なりました。きのう　さつきさんと　でんわで　はなしました。子
こ
どもが　生まれてから　毎日　とても　いそがしく　なったと　言っていま
う　　　　　　まいにち　　　　　　　　　　　　　　　　　　　　　　　い
した。カナダに　帰る　前に　秋田に　行って、さつきさんに　会いたいと
かえ　まえ　あき た　い　　　　　　　　　　　　あ
おもっています。

⬭ **NEW WORDS** ⬭

たつ	pass, go by (of time)
りゅうがくせい	exchange student [→ L13]
さつき	Satsuki (female name)
やりとりする	exchange (mail)
秋田 あき た	Akita (Prefecture)

コメント1

高2の　女の子です。私の　いちばんの　友だち、メアリーを　しょうかい
します。カナダ人の　りゅうがくせいで、きょねん　私の　高校に　来ました。
せが　高くて　バスケットボールが　とても　じょうずです。こくさいかん
けいの　仕事を　したいと　言っています。メアリーと　友だちに　なって
から、えいごが　すきに　なりました。

コメント2

....

....

....

....

....

....

....

NEW WORDS

メアリー　　Mary

◆ Practice

NOUN MODIFICATION

Complete the following descriptions of various places in Japan.

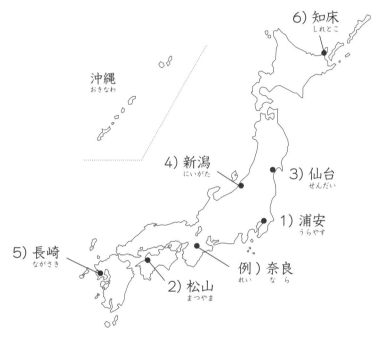

6) 知床
   しれとこ

沖縄
おきなわ

4) 新潟
   にいがた

3) 仙台
   せんだい

1) 浦安
   うらやす

例) 奈良
   れい なら

5) 長崎
   ながさき

2) 松山
   まつやま

例) ふるい　おてらや　だいぶつが　あります。
   れい
   → ここは　奈良です。ふるい　おてらや　だいぶつが　ある　ところです。
          なら

1) 東京ディズニーランドが　あります。
   とうきょう
   → ここは　浦安です。＿＿＿＿＿＿＿＿＿＿＿＿＿＿＿＿＿＿　ところです。
          うらやす

2) 日本で　いちばん　ふるい　おんせんが　あります。
   にほん
   → ここは　松山です。＿＿＿＿＿＿＿＿＿＿＿＿＿＿＿＿＿＿　ところです。
          まつやま

3) たなばたまつりが　ゆうめいです。
   → ここは　仙台です。＿＿＿＿＿＿＿＿＿＿＿＿＿＿＿＿＿＿　ところです。
          せんだい

NEW WORDS

東京ディズニーランド とうきょう	Tokyo Disneyland	たなばたまつり	Tanabata Festival

4) おいしい おこめや おさけを 作っています。

　　→ ここは 新潟です。 ．． ところです。

5) えどじだいに オランダ人が すんでいました。

　　→ ここは 長崎です。 ．． ところです。

6) ２００５年に せかいいさんに なりました。

　　→ ここは 知床です。 ．． ところです。

〜のは

1 Read each statement below and put a 1 next to it if you agree, a 2 if you have no opinion, or a 3 if you disagree.

1) （　）スポーツを 見るのは たのしいです。
2) （　）いろいろな 人と はなすのは たのしいです。
3) （　）からだを うごかすのは たのしいです。
4) （　）どうぶつの せわを するのは たのしいです。
5) （　）子どもと あそぶのは たのしいです。

6) （　）いろいろな ものを かんさつするのは おもしろいです。
7) （　）あたらしい ぶんかを しるのは おもしろいです。
8) （　）日本語を べんきょうするのは おもしろいです。
9) （　）いろいろな 人と しりあうのは おもしろいです。
10) （　）ワインについて けんきゅうするのは おもしろいです。

11) （　）かんじを おぼえるのは たいへんです。
12) （　）日本で 仕事を するのは たいへんです。
13) （　）こんでいる でんしゃに のるのは たいへんです。
14) （　）毎日 ブログを 書くのは たいへんです。
15) （　）えいごの しょるいを 読むのは たいへんです。

NEW WORDS

（お）こめ	rice	けんきゅうする	research
えどじだい	Edo period (1603–1867)	おぼえる (R2)	learn, memorize [→ L14]
オランダ人	Dutchman		
せかいいさん	World Heritage Site [→ L11]		

16) （　　） パソコンで　しりょうを　作るのは　かんたんです。

17) （　　） 日本語で　メールを　書くのは　かんたんです。

18) （　　） おいしい　てんぷらを　作るのは　かんたんです。

19) （　　） インターネットで　ホテルを　よやくするのは　かんたんです。

20) （　　） 富士山の　8ごうめまで　のぼるのは　かんたんです。

❷ Answer the questions after reading the following letter Mr. Green posted while on vacation.

　グリーンさんは　なつ休みに　かぞくと　ヨーロッパを　りょこうしました。
ウィーンで　日本語の　先生に　てがみを　書きました。

木村先生

　　ごぶさたしています。おげんきですか。

　　私たちは　3日前に　ウィーンに　つきました。ついた　日に　まちの
まん中に　ある　ふるい　きょうかいに　行きました。その　きょうかい
の　とうの　うえから　ウィーンの　まちを　ながめました。ウィーンは
とても　うつくしい　まちです。

　　私たちが　とまっているのは、オペラざの　ちかくに　ある　ふるい
ホテルです。私たちの　となりの　へやは　ゆうめいな　おんがくかが
とまった　へやです。

　　おととい　ウィーンから　でんしゃで　3時間の　ところに　ある　ザ
ルツブルクに　行きました。ザルツブルクは　モーツァルトが　生まれた
まちです。モーツァルトが　すんでいた　うちを　見てから、モーツァル
トの　オペラを　見ました。モーツァルトが　生まれた　まちで　見た
かれの　オペラは　すばらしかったです。

NEW WORDS

木村	Kimura (surname)	オペラざ	opera house
まん中	right in the middle	おんがくか	musician
きょうかい	church	ザルツブルク	Salzburg
とう	tower	モーツァルト	Mozart
ながめる (R2)	look at, gaze upon	オペラ	opera

きのう　ウィーンに　もどりました。あした　ドナウ川の　クルーズに
行きます。おしろを　見て、来週の　金曜日に　日本に　帰ります。
では、おげんきで。

7月28日
フランク・グリーン

1)　グリーンさんが　ウィーンに　ついたのは　何日ですか。

....

2)　グリーンさんが　ザルツブルクに　行ったのは　何日ですか。

....

3)　グリーンさんが　ウィーンに　もどったのは　何日ですか。

....

4)　グリーンさんが　クルーズに　行くのは　何日ですか。

....

5)　グリーンさんが　この　てがみを　書いたのは　何日ですか。

....

NEW WORDS

ドナウ川	the Danube
クルーズ	cruise
おげんきで	take care of yourself

🎧 Listening Challenge

先月　佐々木さんが　３５年前に　卒業した　高校の　どうそう会が　ありました。これは　その　ときの　しゃしんです。佐々木さんが　しゃしんの　せつめいを　しています。

Tr. 30　Listen to the description of the photo and fill in the parentheses with the names you hear.

どうそう会　　　class reunion

✏ Reading & Writing

ローザの　ブログ

9月26日
奈良の　ぶつぞう

１３００年の　れきしを　もつ　奈良は　せかいいさんです。私は　ぶっきょうとではありませんが、ぶつぞうを　見るのが　すきです。先週　はじめて　奈良に　行って、いろいろな　おてらを　たずねました。

はじめに　たずねた　ところは　奈良こうえんの　いりぐちに　ある　おてらです。そこで　とても　ふしぎな　ぶつぞうを　見ました。3つの　かおと　6本の　てを　もつ　ぶつぞうでした。

つぎに　たずねた　ところは　法隆寺です。法隆寺は　せかいで　いちばん　ふるい　もくぞうの　おてらです。そこで　ほそくて　せが　高い　ぶつぞうを　見ました。

さいごに　たずねた　ところは　法隆寺の　となりに　ある　おてらです。そこで　うつくしい　ぶつぞうを　見ました。その　ぶつぞうは　ゆびを　ほおに　あてて　ほほえんでいました。

菊の香や　奈良には　古き仏かな
松尾芭蕉

NEW WORDS

ぶっきょうと	Buddhist, follower of Buddhism
はじめに	to begin with, at first [→ L12]
たずねる (R2)	visit [→ L13]
そこ	there [→ L15]
ふしぎ (な)	mysterious
つぎに	next [→ L15]
法隆寺	Horyuji (historic temple in Nara Prefecture)
もくぞう	wooden, built of wood
さいごに	lastly, finaly [さいご→ L10]
ほおに　あてる	place against one's cheek
あてる (R2)	place against
ほほえむ	smile gently
松尾芭蕉	Matsuo Basho (Edo-period haiku poet, 1644–1694)

コメント1

はじめて　コメントを　書きます。高校で　れきしを　おしえている　田中
です。「菊の香や」の　はいくは　いちばん　すきな　はいくです。はいくは
しきの　ことばが　入っている　とても　みじかい　し　です。松尾芭蕉は
りょこうが　すきで、日本の　いろいろな　ところを　たずねました。ロー
ザさんも　りょこうが　すきですね。はいくも　すきなんですか。

コメント2

3つの　かおと　6本の　てを　もつ　ぶつぞうの　なまえは　あしゅらで
す。法隆寺の　せが　高い　ぶつぞうは　くだらかんのんです。どちらも
とても　ゆうめいな　ぶつぞうです。私は　ゆびを　ほおに　あてて　ほほ
えんでいる　ぶつぞうが　いちばん　気に　入っていますが、ローザさんは
どの　ぶつぞうが　いちばん　いいと　おもいましたか。　　　　　　M

コメント3

....
....
....
....
....

コメント　ありがとうございました。はいくは　日本の　ぶんかだと　ききまし
た。いろいろな　はいくを　しりたいと　おもいます。　　　　　　ローザ

NEW WORDS

はいく	haiku
ことば	word
し	poem
あしゅら（阿修羅）	Asura
くだらかんのん（百済観音）	Kudara Kannon (name of a bodhisattva)

◆ Practice 1

〜ので

In each of the following, you are trying to give the reason behind a certain action or circumstance. Join the sentences together using ので as in the example.

例) かぜを　ひきました。仕事を　休みました。
  → かぜを　ひいたので、仕事を　休みました。

1) あしたの　朝　けんこうしんだんが　あります。こんばん　何も　食べません。
  → ....

2) きのうは　子どもの　たんじょうびでした。はやく　うちに　帰りました。
  → ....

3) 来週から　フードフェアが　始まります。今週は　ずっと　いそがしいです。
  → ....

4) れんきゅうは　どこも　こんでいると　思いました。ずっと　うちに　いました。
  → ....

5) 週末と　しゅくじつは　おきゃくさんが　すくないです。店を　あけません。
  → ....

⬭ NEW WORDS

れんきゅう　　　holiday weekend, string of holidays
しゅくじつ　　　holiday

THE POTENTIAL FORM

Each exercise below begins with a question. Use the potential form to complete or make up answers to those questions, as in the examples.

❶ けいたいでんわで　何が　できますか。
　　　　　　　　　　なに

例）おくります
れい
　　　→ メールが　<u>おくれます。</u>

1）とります
　　　→ しゃしんが ....

2）見ます
　 み
　　　→ テレビが ....

3）ききます
　　　→ おんがくが ....

4）しらべます
　　　→ 何でも ....
　　　　なん

❷ コンビニで　何が　できますか。
　　　　　　　なに

例）たくはいびんで　にもつを　おくります。
れい
　　　→ <u>たくはいびんで　にもつが　おくれます。</u>

1）お金を　おろします
　　かね
　　　→ ....

2）コンサートの　チケットを　よやくします

　　　→ ....

3）でんわりょうきんや　でんきりょうきんを　はらいます

　　　→ ....

NEW WORDS

何でも　　　　　　　　　　anything
なん

◈ Practice 2

Making Requests at an Airport

❶ Study the vocabulary below in preparation for making a request for a seat on an airplane.

Seat layout

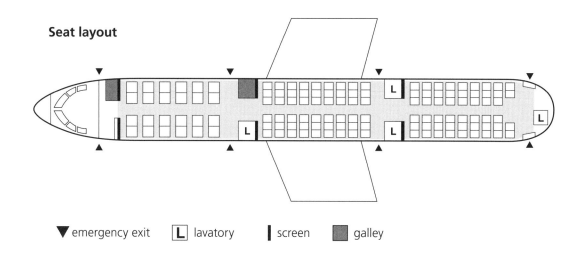

▼ emergency exit   L lavatory | screen   ■ galley

座席 (ざせき)	seat	お手洗い (てあらい)	lavatory
窓側 (まどがわ)	window side	入口 (いりぐち)	entrance
通路側 (つうろがわ)	aisle side	出口 (でぐち)	exit
真ん中 (まなか)	middle	非常口 (ひじょうぐち)	emergency exit
前方 (ぜんぽう)	front	機内 (きない)	in the airplane
後方 (こうほう)	back	乗務員 (じょうむいん)	attendant

❷ Use ので to request a particular type of seat while also giving a reason, as in the example.

例）れい）はやく おりたいです。でぐちに ちかい せきを おねがいします。
 → はやく おりたいので、でぐちに ちかい せきを おねがいします。

1) けしきが 見(み)たいです。まどがわの せきを おねがいします。

 → ....

2) おてあらいに 行(い)く とき、便利(べんり)です。つうろがわの せきを おねがいします。

 → ....

3) あかちゃんの ベッドを つかいたいです。スクリーンの 前(まえ)の せきを お
ねがいします。

 → ....

❸ Mr. Green, Mr. Smith, and Ms. Sasaki are at a check-in counter in an airport. They are making various requests to the airline staff. Fill in the blanks after reading each of their situations.

　　グリーンさんは　おくさんと　お子さんと　3人で　ニューヨークに　行きます。グリーンさんの　おくさんは　ベジタリアンです。グリーンさんの　お子さんは　たまごアレルギーです。

---

　1) グリーン：すみません、つまは ………………………………………… ので、ベジタリ

　　　　　アン用の　食事を　おねがいします。それから、子どもは …………

　　　　　……………………………………… ので、たまごが　入っていない　食事を

　　　　　おねがいします。

　　スミスさんは、大阪の　くうこうに　15時に　つく　ひこうきに　のります。16時30分から　大阪支社で　たいせつな　会議が　あります。くうこうから　大阪支社まで　でんしゃと　ちかてつで　1時間15分　かかります。タクシーは　もっと　時間が　かかります。スミスさんは　できるだけ　はやく　ひこうきを　おりて、大阪支社に　行きたいと　思っています。

---

　2) スミス：すみません、……………………………………………………… ので、

　　　　　でぐちに　ちかい　せきを　おねがいします。

　　佐々木さんは、お母さんと　いっしょに、北海道に　行きます。佐々木さんの　お母さんは　85さいで、あしが　わるいです。くうこうの　中は　ひろいので、佐々木さんは　くるまいすを　かりたいと　思っています。

---

　3) 佐々木：すみません、母は ………………………………………… ので、くるまいすを

　　　　　おねがいします。

NEW WORDS

ベジタリアン	vegetarian
アレルギー	allergy
たいせつ（な）	important [→ L11]
できるだけ	as … as possible

Listening Challenge

Tr. 31 The date is October 23. Mr. Suzuki and Ms. Nakamura are discussing plans for Marie's welcome party. Listen to the dialogue and answer the questions.

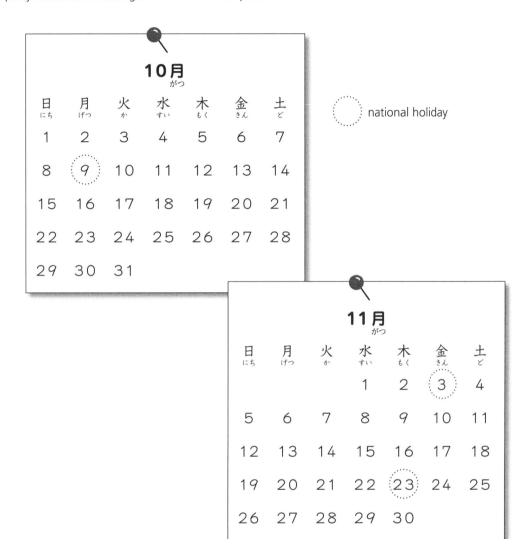

national holiday

1) マリーさんの　かんげい会は　いつですか。(Circle the correct answer.)
   a. １０月２６日
   b. １０月２７日
   c. １１月１日
   d. １１月２日

2) マリーさんの　かんげい会は　どこで　ありますか。

....

3) かんげい会に　行く　人は　何人ですか。

....

✏️ **Reading & Writing**

ローザの　ブログ

１０月１日
がつついたち
おいしい　わしょくの　店
みせ

うちの　ちかくに　おいしい　わしょくの　店が　できました。やきざかなが
みせ
とても　おいしいので、週に　２、３回　食べに　行っています。
しゅう　　　かい　た　　　い

その　店は　いい　おさらを　つかっています。店の　ごしゅじんが　やきもの
みせ　　　　　　　　　　　　　　　　　　　みせ
を　あつめるのが　すきなので、いろいろな　ちほうの　やきものが　あります。
店の　いりぐちに　おもしろい　たぬきの　おきものが　あります。その　たぬ
みせ
きも　やきものです。かわいいので　店に　入る　とき、いつも　あたまを　か
みせ　はい
るく　たたきます。

ごしゅじんは　九州の　有田に　やきものを　買いに　行った　とき、とうげ
きゅうしゅう　ありた　　　　　　　　　　か　　　い
いたいけんを　しました。私も　とうげいたいけんを　してみたかったので　イ
わたし
ンターネットで　もうしこみました。

コメント１

わしょくは　からだに　いいので、がいこくの　人にも　人気が　あると
ひと　にんき
ききました。先月　会社の　ちかくに　しゃぶしゃぶ　食べほうだいの　店
せんげつ　かいしゃ　　　　　　　　　　　　た　　　　　　みせ
が　できたんですよ。おいしい　しゃぶしゃぶが　安く　食べられるので、
やす　た
月に　１回　どうりょうと　行っています。
つき　いっかい　　　　　　い

NEW WORDS

わしょく	Japanese-style food [→ L14]	たぬき	*tanuki* (raccoon dog)
やきざかな	broiled fish	おきもの	decorative object, objet d'art
（ご）しゅじん	owner	たたく	tap
やきもの	ceramics	九州 きゅうしゅう	Kyushu
あつめる (R2)	collect, gather [→ L15]	有田 ありた	Arita (town in Kyushu famous for its ceramics)
ちほう	region	とうげいたいけん	ceramics workshop

コメント2

───────────────────────────────
───────────────────────────────
───────────────────────────────
───────────────────────────────
───────────────────────────────
───────────────────────────────

１０月１５日
とうげいたいけん

れんきゅうに　有田に　行って　とうげいたいけんを　しました。福岡まで　ひこうきで　行って、博多から　有田まで　ＪＲの　とっきゅうに　のりました。

有田は　日本で　初めて　じきを　作った　まちです。とうげいたいけんに　行く　前に　少し　まちを　あるきました。じんじゃで　やきものの　おまもりを　うっていました。めずらしいので　三つ　買いました。有田では　いろいろな　やきものを　うっているので　だれでも　気に　入った　やきものが　見つけられます。

NEW WORDS

福岡	Fukuoka
博多	Hakata (area in the city of Fukuoka where a major Shinkansen terminal is located)
ＪＲ	Japan Railways (railway company)
とっきゅう	express train
じき	porcelain
おまもり	amulet
めずらしい	unusual, curious, rare
だれでも	anyone, everyone
見つける (R2)	find

とうげいたいけんでは　ゆのみを　作りました。何度も　しっぱいしました。
あまり　じょうずに　作れませんでした。でも　私は　じぶんで　作った　ゆ
のみが　とても　気に　入りました。ゆのみは　有田の　かまで　やいて、来
月の　ちゅうじゅんに　東京に　とどきます。

コメント１

私の　しゅみは　とうげいです。じぶんの　かまを　もっているので、週
末は　いつも　コーヒーカップや　かびんを　やいています。先月　とても
じょうずに　コーヒーカップが　やけたので、フリーマーケットに　うりに
行きました。三つ　うれたんですよ。

コメント２

....
....
....
....
....
....

よかったですね。フリーマーケットは　何でも　安く　買えるので、よく　行き
ます。おととい　行った　フリーマーケットで　きれいな　かびんを　買いまし
た。来月の　中じゅんに　また　行くのが　たのしみです。　　　　ローザ

NEW WORDS

ゆのみ	teacup without a handle
何度も	many times [→ L12]
しっぱいする	fail
じぶんで	by one's own self, on one's own
かま	kiln
やく	bake, fire
フリーマーケット	flea market

◈ Practice 1

THE VOLITIONAL FORM

In each of the following you are trying to state a desired goal in order to ask for information or advice related to that goal. Use the volitional form to complete the sentences as in the example.

例）レストランを　予約する
　　→ 来週の　土曜日に　パーティーを　するので、<u>レストランを　予約しよう</u>
　　　と　思っているんですが、どこか　いい　レストランを　しりませんか。

1) 1週間　きゅうかを　とる
　　→ ずっと　いそがしかったので、.. と　思っている
　　　んですが、だいじょうぶでしょうか。

2) ちゅうきゅうクラスに　もうしこむ
　　→ 日本語の　しょきゅうクラスは　やさしいので、..
　　　と　思っているんですが、ちゅうきゅうクラスは　むずかしいでしょうか。

3) いぬを　あずける
　　→ 旅行を　するので、.. と　思っているんですが、ど
　　　こか　いい　ところを　しりませんか。

4) CMソングを　つくる
　　→ 新しょうひんが　できたので、.. と　思っているん
　　　ですが、どんな　きょくが　いいでしょうか。

5) もっと　ひろい　マンションに　ひっこす
　　→ 子どもが　大きく　なったので、.. と　思っている
　　　んですが、どこか　いい　マンションを　しりませんか。

(NEW WORDS)

ちゅうきゅう　　　intermediate level

CMソング　　　song to a television commercial

～て

Pretend you are someone dissatisfied with your own house and are visiting a friend's house. Complete the sentences according to the instructions.

❶ State how attractive your friend's house is, along with the reason.

例) えきから　ちかいです

→ ここは　<u>えきから　ちかくて</u>　いいですね。

1) まどが　大きいです

→ ここは .... いいですね。

2) まちに　みどりが　多いです

→ ここは .... いいですね。

3) リビングの　てんじょうが　高いです

→ ここは .... いいですね。

4) まわりが　しずかです

→ ここは .... いいですね。

❷ Tell your friend how inconvenient your own house is, along with the reason.

例)キッチンが　小さいです

→ 今の　うちは　<u>キッチンが　小さくて</u>　ふべんなんです。

1) えきから　とおいです

→ 今の　うちは .... ふべんなんです。

2) ちかくに　スーパーが　ありません

→ 今の　うちは .... ふべんなんです。

3) となりの　うちの　人が　うるさいです

→ 今　すんでいる　ところは .... 夜
ねられないんです。

● **NEW WORDS**

リビング	living room	まわり	vicinity, surroundings
てんじょう	ceiling	キッチン	kitchen

4）かんり人が　あまり　しんせつではありません
<ruby>人<rt>にん</rt></ruby>

→　<ruby>今<rt>いま</rt></ruby>　すんでいる　ところは .... こまってい
るんです。

～か／か　どうか

❶ Mr. Suzuki has moved into a new apartment. He is new to the neighborhood, so he asks the building manager various questions. State what questions, as in the example.

<ruby>例<rt>れい</rt></ruby>）ちかくに　いい　スーパーが　ありますか。

→　<u>ちかくに　いい　スーパーが　あるか　どうか</u>　<ruby>聞<rt>き</rt></ruby>きました。

1）どこに　ごみを　<ruby>出<rt>だ</rt></ruby>しますか。

→ .... <ruby>聞<rt>き</rt></ruby>きました。

2）となりの　<ruby>人<rt>ひと</rt></ruby>は　どんな　<ruby>人<rt>ひと</rt></ruby>ですか。

→ .... <ruby>聞<rt>き</rt></ruby>きました。

3）いりぐちに　じてんしゃを　おいても　いいですか。

→ .... <ruby>聞<rt>き</rt></ruby>きました。

❷ Ms. Yamada is looking for a job. She has found some useful resources on the Internet. State what she has found out about a particular position or company, as in the example.

<ruby>例<rt>れい</rt></ruby>）どんな　<ruby>仕事<rt>しごと</rt></ruby>ですか。

→　<u>どんな　<ruby>仕事<rt>しごと</rt></ruby>か</u>　しらべました。

1）1<ruby>年<rt>ねん</rt></ruby>に　きゅうかが　<ruby>何日<rt>なんにち</rt></ruby>　ありますか。

→ .... しらべました。

2）<ruby>社員<rt>しゃいん</rt></ruby>が　<ruby>何人<rt>なんにん</rt></ruby>　いますか。

→ .... しらべました。

3）ざんぎょうが　<ruby>多<rt>おお</rt></ruby>いですか。

→ .... しらべました。

NEW WORDS

ごみを　<ruby>出<rt>だ</rt></ruby>す	put out the trash
ごみ	garbage, trash [→ L12]
<ruby>出<rt>だ</rt></ruby>す	put out [→ L15]

◈ **Practice 2**

Talking about Real Estate

The following lists the advantages of houses and high-rise apartments. Read through the sentences below each illustration and practice explaining in your own words what is good about each type of home.

いっこだての　いい　ところ

うちの　前に　くるまが
とめられます。

ペットが　かえます。

にわで　ゴルフの　れん
しゅうが　できます。

にわで　バーベキューが
できます。

ガーデニングが　できます。

マンションの　いい　ところ

かんり人が　います。

いつでも　にもつを　うけ
とれる　たくはいロッカー
が　あります。

いつでも　ごみを　出せる
ごみおきばが　あります。

高い　かいは　ながめが
いいです。

NEW WORDS

いっこだて	detached house	たくはいロッカー	locker for packages delivered while one is away from home
ところ	thing, aspect		
かう	keep (a pet)	ごみおきば	place to put garbage
いつでも	anytime [→ L15]	かい	floor, story (of a building) [→ L15]
うけとる	receive		

Listening Challenge

1 Listen carefully to what kind of place each couple wants to live in and write down what you heard in the space provided, as in the example.

1)
Tr. 32

林 さんふうふ
はやし

例）たくはいロッカーが　ある　ところ。
れい
....
....
....
....

2)
Tr. 33

森 さんふうふ
もり

....
....
....
....
....

3)
Tr. 34

原 さんふうふ
はら

....
....
....
....
....

⬭ **NEW WORDS**

林 はやし	Hayashi (surname)
ふうふ	married couple
原 はら	Hara (surname)

❷ Now read the real estate advertisements below while paying careful attention to their meaning. Then choose the most appropriate property for each couple (from the previous exercise) and explain why.

1) 林さんふうふ
   はやし

2) 森さんふうふ
   もり

3) 原さんふうふ
   はら

六本木タワーマンション
ろっぽんぎ

・六本木駅から徒歩３分
　ろっぽんぎえき　　とほ　ぷん
・スポーツジム・プールあり
・地下に２４時間スーパーあり
　ちか　　　じかん
・宅配ロッカーつき
　たくはい

売り家１
　う　いえ

■ 3LDK ２階建て新築
　　　　　かいだ　しんちく
■ 広い庭つき
　ひろ　にわ
■ 近くに公園あり
　ちか　　こうえん

NOTE: A 3LDK apartment has 3 bedrooms, a living room–dining room, and a kitchen. A 5LDK is the same but with 5 bedrooms.

売り家２
　う　いえ

・５LDK ２階建て新築
　　　　　かいだ　しんちく
・広い庭、駐車場つき
　ひろ　にわ　ちゅうしゃじょう
・近くに小学校あり
　ちか　しょうがっこう
・ショッピングセンターまで車で５分
　　　　　　　　　　　　くるま　ぷん

NEW WORDS

六本木タワーマンション ろっぽんぎ	Roppongi Tower Apartments (fictional apartment complex)
徒歩 とほ	walking, by foot
～あり	has . . .
売り家 う　いえ	house for sale
ＬＤＫ	living-dining room and kitchen
２階建て かいだ	two-storied
新築 しんちく	newly built, just built
ショッピングセンター	shopping center

✏️ Reading & Writing

ローザの　ブログ

１０月２０日
（がつはつか）

こうよう

山の　こうようが　きれいな　きせつに　なりました。１１月の　れんきゅうに　東北に　こうようを　見に　行こうと　思っています。東北には　こうようが　きれいな　ところが　たくさん　あります。おんせんにも　行きたいし、おいしい　ものも　食べたいし、どこに　行こうか　まよっています。

１１月３日
（がつみっか）

松島
（まつしま）

けさ　東北で　いちばん　大きい　とし、仙台に　着きました。午前中に　仙台しないを　見て、午後は　松島に　行きました。松島は、仙台から　でんしゃで　３０分の　ところに　あります。うつくしい　しまが　たくさん　ある　ところです。

ふねで　しまを　まわる　ツアーに　さんかしました。ほんとうに　しまが　たくさん　あって　おどろきました。ぜんぶで　しまが　いくつ　あるか　かぞえようと　思いましたが、かぞえられませんでした。まつが　とても　きれいでした。しまに　まつが　あるから　松島なんですね。
（まつしま）

NEW WORDS

こうよう	colored leaves
きせつ	season
東北（とうほく）	Tohoku region
松島（まつしま）	Matsushima (scenic area in Miyagi Prefecture)
とし	city

仙台（せんだい）	Sendai (city in Miyagi Prefecture)
しま	island
ぜんぶで	in all, in total
ぜんぶ	all [→ L14]
かぞえる (R2)	count

１１月４日
（がつよっか）

山寺と　芭蕉の　はいく
（やまでら）　（ばしょう）

今日は　山寺に　行きました。山寺は　高い　山の　うえに
（きょう）（やまでら）（い）　　（やまでら）　（たか）（やま）
ある　おてらです。

仙台えきから　山形行きの　でんしゃに　のりました。山寺
（せんだい）　（やまがたい）　　　　　　　　　　　（やまでら）
えきまで　５０分ぐらい　かかりました。「つぎは　山寺」
（ごじゅっぷん）　　　　　　　　　　　（やまでら）
という　アナウンスが　聞こえた　とき、でんしゃの　まど
（き）
から　高い　山の　うえに　おてらが　たっているのが　見
（たか）（やま）　　　　　　　　　　　　　　　　　（み）
えました。

山寺えきで　でんしゃを　おりて　山寺の　さんもんまで
（やまでら）　　　　　　　　　　（やまでら）
あるきました。さんもんから　山の　うえまで　１,０１５だ
（やま）
んの　かいだんが　ありました。のぼれるか　どうか　しん
ぱいでしたが、何とか　のぼれました。
（なん）

とちゅうに　松尾芭蕉の　ぞうが　ありました。松尾芭蕉は　えどじだいの
（まつおばしょう）　　　　　　　　（まつおばしょう）
ゆうめいな　はいじんです。山寺は、芭蕉が　ゆうめいな　せみの　はいくを
（やまでら）（ばしょう）
よんだ　ところです。

閑かさや　岩にしみ入る　蝉の声
（しず）　（いわ）（い）　（せみ）（こえ）
　　　　　松尾芭蕉
　　　　（まつおばしょう）

NEW WORDS

山寺 （やまでら）	Yamadera (historic old temple located in Yamagata city)
山形 （やまがた）	Yamagata (city in Yamagata Prefecture)
～行き （い）	bound for . . .
アナウンス	announcement
たっている	be standing
さんもん	temple gate

～だん	(counter for steps)
とちゅうに	along the way
ぞう	statue
はいじん	haiku poet
せみ	cicada
よむ	compose (a poem)

コメント1

私たちは　仙台はいくの会の　メンバーです。毎年　なつに　みんなで　旅行しています。松島も　山寺も　松尾芭蕉が　たずねた　ところです。松島も　いいし、山寺も　いいし、まよいましたが、今年は　山寺に　しました。みんなで　1,015だんの　かいだんを　のぼりました。しずかな　山の中で　せみの　こえが　聞こえました。松尾芭蕉の　ぞうの　前で　みんなで　しゃしんを　とってから、一人ずつ　はいくを　よみました。いい　はいくが　できて、うれしかったです。

仙台はいくの会

コメント2

Practice 1

〜かもしれません

You are talking about things that you worry might happen. Fill in each blank with the appropriate phrase. Use the verbs in the box below but change their forms as in the example.

ちょっと しんぱいな こと

私は ひこうきに のる とき、いつも はやく うちを 出ます。みちが 例）
こんでいるかもしれません。チェックインに 時間が 1）..。
うちから くうこうまでは くるまで １時間ぐらいですが、ひこうきに のる と
きは、２時間 前に うちを 出ます。

私は かいがい旅行を する とき、いつも たくさん 薬を もって行きます。
きゅうに おなかが 2）.. 。かぜを 3）.....................................
.... 。それから、じさで 4）.. 。ですから、い
ろいろな 薬を もって行きます。それから、かならず ほけんに 入ります。旅行
中に びょうきに 5）.. 。けがを 6）.....................................
.... 。ほけんりょうが かかりますが、入った ほうが あんしんです。

こんでいます	ねられません	します	いたく なります
ひきます	かかります	なります	

NEW WORDS

じさ	time difference	旅行 中	during one's travels
ですから	so, that being the case	ほけんりょう	insurance fee
かならず	always, without fail	かかる	cost (money)
ほけんに 入る	enter into an insurance plan	あんしん	peace of mind, security
ほけん	insurance		

～たら

❶ In the e-mail messages below, the senders discuss recent events and plans in their lives and tell the recipients that they look forward to seeing them or doing something with them in the future. Complete the messages by filling in each blank with the appropriate clause, as in the example.

例）着く

→ 大川さん、おげんきですか。私は　来週　しゅっちょうで　ニューヨークに　行きます。いっしょに　食事を　しませんか。着いたら　れんらくします。

林

1）めんきょを　とる

→ 安部さん、おひさしぶりです。私は　今　うんてんめんきょを　とりに　きょうしゅうじょに　かよっています。..、ドライブに　行きましょう。

高橋

2）じゅうしょが　きまる

→ 田中さん　おげんきですか。私は　来月　大阪に　てんきんします。どこに　すむか　まだ　わかりませんが、..、おしらせします。ぜひ　あそびに　来てください。

中川

3）そつぎょうする、しゃしんを　とる

→ 山田先生、ごぶさたしています。おげんきですか。私は　３月に　大学を　そつぎょうします。..、１か月　いろいろな　国を　旅行する　予定です。..、メールで　おくります。

リン

NEW WORDS

めんきょを　とる	get a license
うんてんめんきょ	driver's license [うんてん→ L13]
きょうしゅうじょ	driving school
かよう	attend, go regularly or frequently
きまる	be decided [→ L15]
おしらせします	will let you know (humble form)

4) 子どもが　生まれる
<ruby>子<rt>こ</rt></ruby>　　　<ruby>生<rt>う</rt></ruby>

→ まりちゃん　げんきですか。

私は　来月　子どもが　生まれる　予定です。......................................、ぜひ
<ruby>私<rt>わたし</rt></ruby>　<ruby>来月<rt>らいげつ</rt></ruby>　<ruby>子<rt>こ</rt></ruby>　　　<ruby>生<rt>う</rt></ruby>　　　<ruby>予定<rt>よてい</rt></ruby>

見に　来てください。
<ruby>見<rt>み</rt></ruby>　<ruby>来<rt>き</rt></ruby>

けい子
<ruby>子<rt>こ</rt></ruby>

❷ Refer to the illustrations to explain the steps for making curry.

1)

2)

3)

4)

5)

6)

7)

8)

9)

1) 今日は　カレーを　作りましょう。
<ruby>今日<rt>きょう</rt></ruby>　　　　　　<ruby>作<rt>つく</rt></ruby>

2) ざいりょうは　じゃがいも、にんじん、たまねぎ、にく、カレールーです。

NEW WORDS

ざいりょう	ingredient	たまねぎ	onion
じゃがいも	potato	カレールー	curry roux
にんじん	carrot		

3) はじめに　やさいを　きれいに　あらってください。

4) やさいを　あらったら、かわを　むいて、小さく　きってください。

5) なべに　あぶらを　入れて　にくを　いためてください。

6) にくに　火が　とおったら、やさいを　入れて　いっしょに　いためてください。

7) それから、なべに　水を　入れて、にこんでください。

8) やさいが　やわらかく　なったら、カレールーを　入れてください。

9) とろみが　ついたら、できあがり！

＊あなたの　国の　りょうりの　作り方を　おしえてください。

かわ	peel (n.)
むく	peel (v.)
火が　とおる	be cooked
にこむ	stew
とろみが　つく	thicken (of soup or other liquid)
できあがり	all done, finished

◈ **Practice 2**

Planning an Event

　さくらまちでは、毎年　7月に　なつまつりが　あります。たくさんの　人が　な
つまつりを　たのしみに　しています。加藤さん、南さん、西山さん、北川さんは
さくらまち　じち会の　やくいんです。加藤さんは　じち会の　会長です。4人は、
今年の　なつまつりについて　話しています。

Read the following conversations and use them to fill in the charts on p. 96.

にっていについて

加藤：それでは、なつまつりの　うちあわせを　始めましょう。はじめに、にってい
　　　ですが、いつが　いいでしょうか。去年も　おととしも、7月の　だい一日曜
　　　日だったので、今年も　だい一日曜日が　いいでしょうか。
南：　去年も　おととしも　なつまつりの　日は　あめでしたね。7月の　だい一週
　　　は　まだ　つゆが　終わっていないので、あめが　ふるかもしれません。もう
　　　すこし　後の　ほうが　いいと　思いますが。
西山：そうですね。わたしも　そう　思います。7月の　だい三日曜日は　どうです
　　　か。つぎの　日は　うみの　日で　休みですから、とても　いいと　思います。
加藤：それは　いいですね。じゃ、だい三日曜日に　しましょう。

メインイベントについて

加藤：では、つぎに　行きます。今年の　メインイベントは　何が　いいでしょうか。
　　　去年は　わだいこでしたね。今年も　おなじ　イベントに　しましょうか。
西山：それが、きのう　わだいこの　グループに　電話を　してみたんですが、今年
　　　は　いそがしくて、7月の　週末は　来られないと　言っていました。
加藤：そうですか。じゃ、だめですね。何か　いい　アイデアは　ありませんか。
北川：マジックショーは　どうですか。ちかくの　さくら大学に　マジッククラブが
　　　あって、いろいろな　イベントで　ショーを　していると　聞いたんですが。
加藤：それは　いいですね。じゃ、北川さん、マジッククラブに　電話を　して、
　　　だい三日曜日に　来られるか　どうか　聞いてみてください。
北川：はい、わかりました。

もぎ店について
てん

加藤：もぎ店は、今年も　かきごおり、わたがし、ポップコーンに　しましょうか。
かとう　　てん　　ことし

南：　ええ。子どもたちに　人気が　ありますから、その　3つが　いいと　思います。
みなみ　　　　　　　　　　　　　にんき　　　　　　　　　　　　　　　　　　おも

加藤：じゃ、南さん、来週までに　もぎ店で　つかう　ざいりょうを　ちゅうもんし
かとう　　みなみ　らいしゅう　　　てん　　　　　　　　　　　　　　　　おも
てください。

南：　はい、わかりました。
みなみ

西山：すみません。ポップコーンなんですが、去年　きかいの　ちょうしが　わる
にしやま　　　　　　　　　　　　　　　きょねん
くて　ちゃんと　うごかなかったんです。古くなったので、そろそろ　新しい
ふる　　　　　　　　　　　あたら
きかいを　買いたいんですが……。
か

加藤：そうですか。でも、新しい　きかいを　買う　よさんは　ありませんねえ。と
かとう　　　　　　あたら　　　　　　　か
なりの　まちの　じち会にも　ポップコーンの　きかいが　ありますから、か
かい
りられるか　どうか　聞いてみましょうか。
き

西山：よろしく　おねがいします。
にしやま

加藤：では、西山さんは、来週までに　なつまつりの　ボランティアを　20人ぐ
かとう　　にしやま　らいしゅう　　　　　　　　　　　　　　　　　　にん
らい　あつめてください。

西山：はい、わかりました。
にしやま

加藤：では、終わりましょう。
かとう　　　お

NEW WORDS

さくらまち	Sakuramachi (fictional town)	だめ（な）	no good [→ L14]
たのしみに　している	be looking forward to	アイデア	idea
南	Minami (surname)	マジックショー	magic show
みなみ			
西山	Nishiyama (surname)	もぎ店	festival booth
にしやま		てん	
北川	Kitagawa (surname)	かきごおり	shaved ice
きたがわ			
じち会	neighborhood association	わたがし	cotton candy
かい			
やくいん	officer	ポップコーン	popcorn
会長	chairperson, president	ちゅうもんする	order
かいちょう			
にってい	schedule	きかい	machine
つゆ	early-summer rainy season	うごく	work
うみの　日	Marine Day (national holiday	よさん	budget
ひ	on the third Monday of July)	ボランティア	volunteer
メインイベント	main event		

95

	去年 きょねん	今年（予定） ことし　よてい
にっていは　いつですか。	例）７月の　だい一日曜日 れい　　がつ　　　いちにちようび	1)
メインイベントは 何ですか。 なん	2)	3)
どんな　もぎ店が てん ありますか。	4)	5)

Fill in the chart with the tasks assigned to each officer as in the example.

加藤さん か とう	例）となりの　まちの　じち会に　ポップコーンの　きかいが　かり れい 　　られるか　どうか　聞きます。 き
北川さん きたがわ	6)
南さん みなみ	7)
西山さん にしやま	8)

⊚ Listening Challenge

Answer the questions after listening to each dialogue.

❶ Mr. Kato and Ms. Minami are talking about the festival booth.
Tr. 35

　1) もぎ店で　つかう　ざいりょうは　いつ　とどきますか。
　　　てん

　　...

　2) ポップコーンの　きかいは　かりられますか。

　　...

　3) ポップコーンの　きかいは　いつ　とどきますか。

　　...

　4) きかいが　とどいたら、南さんは　何を　しますか。
　　　　　　　　　　　　　　みなみ　　なに

　　...

❷ Mr. Kato and Mr. Nishiyama are talking about the volunteers.

Tr. 36

1) 西山さんは　ボランティアを　あつめられましたか。
   にしやま

....

2) ボランティアは　いつ　来ますか。
   き

....

3) ボランティアが　来たら、西山さんは　何を　しますか。
   き　　　　　にしやま　　　なに

....

4) 仕事が　終わったら、西山さんは　ボランティアの　人たちに　何を　わた
   しごと　お　　　　　にしやま　　　　　　　　　　ひと　　　なに
   しますか。

....

❸ Mr. Kato and Ms. Kitagawa are talking about the magic show.

Tr. 37

1) マジックショーは　何時からですか。
   なん じ

....

2) マジックショーの　じゅんびは　何時に　始めますか。
   なん じ　　はじ

....

3) 北川さんは　いつ　かいじょうに　行きますか。
   きたがわ　　　　　　　　い

....

4) マジックショーが　始まったら、北川さんは　何をしますか。
   はじ　　　きたがわ　　　なに

....

Reading & Writing

ローザの　ブログ

１１月５日
（がついつか）
５年ぶりの　さいかい
（ねん）

今日は　秋田に　すんでいる　さつきさんの　うちを
（きょう）（あきた）
たずねました。山形を　出る　とき、さつきさんに　秋田に
（やまがた）（で）（あきた）
着く　時間を　メールで　しらせました。さつきさんから、
（つ）（じかん）
「駅に　むかえに　行きます」と　へんじが　来ました。私たちは　秋田駅で　５
（えき）（い）（き）（わたし）（あきたえき）
年ぶりに　さいかいしました。
（ねん）

さつきさんの　うちは　８人かぞくです。さつきさんと　ごしゅじん、お子さん、
（にん）（こ）
ごしゅじんの　ご両親、ごしゅじんの　おじいさんと　おばあさん、おとうとさ
（りょうしん）
んの　８人です。おじいさんも　おばあさんも　とても　げんきで、にぎやかな
（にん）
かぞくです。

ばんごはんは　きりたんぽなべでした。きりたんぽや　とりにくや　やさいが
入っていました。きりたんぽは　秋田の　めいぶつで、おいしい　ごはんを　や
（はい）（あきた）
いて　作った　ものです。とても　おいしかったです。東京に　帰ったら　作っ
（つく）（とうきょう）（かえ）（つく）
てみようと　思います。
（おも）

NEW WORDS

さいかい	reunion
きりたんぽなべ	a one-pot dish (*nabe*) containing *kiritampo* (see below)
きりたんぽ	*kiritampo* (mashed rice roasted on skewers)
めいぶつ	specialty

コメント1

中3の　みきです。母は　秋田で　生まれたので、きりたんぽなべを　作るのが　じょうずです。きりたんぽなべは　おいしいし、みんなで　いっしょに　食べられるし……。さむくなったら　きりたんぽなべが　食べられるので、さむくなるのが　たのしみなんです。

コメント2

名古屋に　すんでいる　しゅふです。名古屋の　めいぶつの　とりにくを　入れた　なべりょうりは　おいしいですよ。私の　うちでも　週に　3回ぐらい　なべりょうりを　食べます。なべりょうりは　作るのが　かんたんなので　しゅじんも　よく　作ります。さかなを　入れた　なべりょうりは　私より　じょうずかもしれません。

コメント3

名古屋の　しゅふの　方、さかなの　なべりょうりの　作り方を　ぜひ　おしえてください。みきちゃん、私も　ふゆに　なるのが　たのしみなんです。ふゆに　なったら　いろいろな　なべりょうりを　作ってみたいと　思います。　　ローザ

NEW WORDS

みき　　　　Miki (female name)

LESSON 13

◆ Practice 1

～てくる

In each of the following, you are trying to say that something has changed, and that you will therefore take a certain course of action. Complete the sentences using てくる as in the example.

例) さむくなる
れい
　　<u>さむくなってきた</u>ので、朝　ジョギングするのを　やめました。
　　　　　　　　　　　　　　あさ

1) たいじゅうが　ふえる

　　→　さいきん .... ので、スポーツを　始めました。
　　　　　　　　　　　　　　　　　　　　　　　　　　　　　　　　　　　　はじ

2) たいじゅうが　へる

　　→ .... ので、しんぱいに　なって　びょういん
　　に　行きましたが、どこも　わるい　ところは　ありませんでした。
　　　　い

3) しゅうにゅうが　ふえる

　　→　だんだん .... ので、もっと　ひろい　マンション
　　に　ひっこそうと　思っています。
　　　　　　　　　　　　おも

4) 読める　かんじが　ふえる
　　よ
　　→ .... ので、日本語の　新聞を　読んで
　　　　　　　　　　　　　　　　　　　　　にほんご　　しんぶん　　よ
　　みようと　思っています。
　　　　　　おも

5) 目が　わるくなる
　　め
　　→ .... ので、めがねを　買おうと　思っています。
　　　　　　　　　　　　　　　　　　　　　　　　か　　　　おも

6) 人気が　出る
　　にんき　で
　　→　さいきん　ベトナムりょうりの .... ので、
　　ベトナムりょうりの　店を　始めようと　思っています。
　　　　　　　　　　　　みせ　はじ　　　　おも

NEW WORDS

たいじゅう	body weight	人気が　出る (R2) にんき　で	become popular
しゅうにゅう	income	人気 にんき	popularity
目が　わるい め	have bad eyesight	ベトナム	Vietnam

100

～たら

The following provides information that you should know in advance in order to deal with different problems that might occur while mountain climbing. Read the passages and answer the questions that follow.

　山のぼりは　だれでも　たのしめる　スポーツですが、さいきん　じこが　ふえて
きています。つぎの　ぶんは　山のぼりに　ひつような　じょうほうです。

1)　みちに　まよったら

　　山で　みちに　まよったら、来た　みちを　もどりましょう。来た　みちが
わからなかったら、山の　上に　むかって　あるきましょう。山の　下に　む
かって　あるかないでください。

　　→　みちに　まよったら、どう　しますか。

. . . .

2)　けがを　したら

　　山で　けがを　したら、まず　山を　あるいて　おりられるか　どうか　か
んがえてください。あるいて　おりられないと　思ったら、きゅうじょたいを
よびましょう。

　　→　けがを　したら、どう　しますか。

. . . .

3)　かみなりが　なったら

　　山の　かみなりは　きけんです。かみなりは　高い　ところに　おちます。
かみなりが　なったら、高い　木から　はなれてください。かみなりが　やむ
まで、あんぜんな　ばしょで　まちましょう。

　　→　かみなりが　なったら、どう　しますか。

. . . .

NEW WORDS

ぶん	sentence, passage, text
じょうほう	information
おりる (R2)	go down
きゅうじょたい	rescue unit
かみなりが　なる	thunder (v.)
かみなり	thunder (n.)
きけん (な)	dangerous
やむ	stop

11/27

4）くまに　あったら

　　日本_{にほん}には　やせいの　くまが　います。山_{やま}を　あるいている　とき、くまに　あったら、くまの　目_めを　見_みて　少_{すこ}しずつ　しずかに　はなれます。くまに　せなかを　見_みせるのは　きけんです。

　　→　くまに　あったら、どう　しますか。

◈ **Practice 2**

Talking about Changes in Japanese Eating Habits

Study the graph and passage below and explain in your own words what they say about changes in Japanese eating habits.

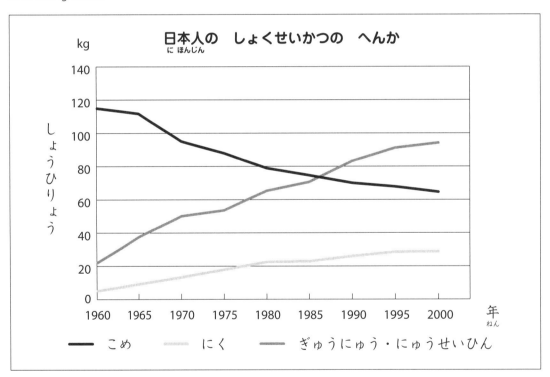

NEW WORDS

くま	bear
しょくせいかつ	eating habits
へんか	change
しょうひりょう	amount consumed
ぎゅうにゅう	milk [→ L15]
にゅうせいひん	milk products

日本人の　１年間の　こめの　しょうひりょうは　だんだん　へってきている。
２０００年の　しょうひりょうは　１９６０年の　約半分に　なった。はんたいに
ぎゅうにゅうや　にくの　しょうひりょうは　ふえてきた。２０００年の　しょうひ
りょうは　どちらも　１９６０年の　約4倍に　なっている。
　毎朝　ごはんを　たいて　みそしるを　作る　かていは　少なく　なってきた。さ
いきんは　朝食を　とらない　人も　ふえてきた。

Listening Challenge

Tr. 38　Listen to the dialogue between Mr. Kato and Ms. Marie Martin and put a T before the statements that are true and an F before those that are false.

1) (　　) マリーさんは　日本人の　しょくせいかつについて　しらべています。

2) (　　) 加藤さんは　毎朝　ごはんと　みそしるの　朝食を　とります。

3) (　　) マリーさんは　ホームステイを　していたとき、毎朝　パンと　コーヒーの　朝食を　とっていました。

4) (　　) さいきん　パンと　コーヒーの　朝食を　とる　人が　へってきました。

NEW WORDS

はんたいに	by contrast, conversely
ごはんを　たく	cook rice
ごはん	cooked rice
たく	cook/make (rice)
かてい	family
朝食を　とる	eat breakfast
朝食	breakfast [→ L14]

✏ Reading & Writing

ローザの ブログ

１２月２８日
神戸の おば

先週から きゅうに さむく なりました。もうすぐ しょ
うがつです。年末年始の 休みが 始まって、東京は 人も
車も 少なく なってきました。電車も あまり こんでい
ません。私が すんでいる マンションも しずかに なり
ました。私も 大みそかに 神戸に すんでいる おばの
うちに 行く 予定です。

私の そふと そぼは 日本人で、わかい とき カナダに 来ました。ことば
が わからなくて たいへんでしたが、いっしょうけんめい はたらいて 二
人の 子どもを そだてました。父は カナダ人の 母と けっこんして、私が
生まれました。父の いもうとは 神戸の 大学に りゅうがくしていた とき、
おじと しりあって けっこんしました。それから、ずっと 神戸に すんでい
ます。

おばは 私が 小さい ころ、よく おじと いっしょに カナダに 来ていま
した。7さいの たんじょう日に おばに もらった 日本の にんぎょうは
今も たいせつに もっています。おばに 会うのは ひさしぶりです。

NOTE: Although Rosa is writing her blog in Japan, she uses カナダに 来る because she is thinking
from the point of view of the time she was in her home country Canada.

NEW WORDS

年末年始	year-end and New Year season
大みそか	New Year's Eve
いっしょうけんめい	very hard, dedicatedly, earnestly
そだてる (R2)	raise, rear
にんぎょう	doll

コメント１

ローザさん、私の　おばは　フランス人なんですよ。２年前　父の　おとう
とが　しゅっちょうで　パリに　行った　とき、おばと　しりあって　けっ
こんしたんです。私は　大学で　フランス語を　べんきょうしているので、
わからないとき　いつも　おばに　聞いています。フランス語の　せいせき
が　だんだん　上がってきて、フランス語が　たのしくなってきました。フ
ランス語が　じょうずに　なったら、私も　フランス語で　ブログを　書い
てみたいと　思います。

コメント２

....

....

....

１月３日
大みそか

大みそかの　夕方　おばの　うちに　着きました。おばの
うちは　しんかんせんの　駅の　ちかくに　あります。リビ
ングから　みなとの　やけいが　きれいに　見えました。

いとこの　一郎くんに　１５年ぶりに　会いました。私の　父に　よく　にてい
て　びっくりしました。一郎くんは、去年　入りたかった　大学に　入れなかっ
たので、１年　ろうにんして　じゅけんべんきょうを　しています。

NEW WORDS

みなと	port	～に　にている	look like, resemble
いとこ	cousin	ろうにんする	be a *ronin* (a student who has failed university
一郎	Ichiro (male name)		exams and is studying to try again the next year)

一郎くんの　部屋に　だるまが　ありました。だるまの　ひだりの　目は　くろかったですが、みぎの　目は　白かったです。入りたい　大学に　ごうかくしたら、白い　目を　くろく　ぬると　言っていました。

大みそかの　夜は　年こしそばを　食べて、それから　みんなで　こたつに　入って　テレビを　見ました。午前0時に　なった　とき、ボーという　おとが　聞こえました。みなとの　ふねの　きてきの　おとです。みんなで「あけまして　おめでとうございます」と　新年の　あいさつを　しました。

NEW WORDS

だるま	*daruma* (round wooden doll thought to help make wishes come true)
ぬる	paint
年こしそば	soba noodles traditionally eaten on New Year's Eve
こたつ	*kotatsu* (a table covered by a quilt and equipped with a heat source underneath to keep the legs warm in winter)
ボーという　おと	hoot (sound of a steam whistle)
おと	sound
きてき	ship/train whistle
あけまして　おめでとうございます	Happy New Year (customary New Year greeting)
新年の　あいさつ	New Year greeting

元日

元日は　おとそを　飲んでから、おばが　作った　おせちりょうりと　おぞうにを　食べました。

おとそは　しょうがつに　飲む　おさけです。おせちりょうりは　日本の　しょうがつりょうりです。むかしは　年末に　うちで　元日から　3日までの　りょ

NEW WORDS

元日	New Year's Day	おせちりょうり	*osechi* cuisine (traditional New Year cuisine)
（お）とそ	*otoso* (sake with herbs traditionally drunk to celebrate the New Year)	（お）ぞうに	*ozoni* (soup with rice cakes and vegetables)

うりを　作りました。さいきんは　デパートや　スーパーで　おせちりょうり
が　買えるので、作らない　うちも　ふえてきました。おぞうには　おもちが
入っている　スープです。ちほうによって　いろいろな　おぞうにが　あります。関西では　よく　まるい　おもちを　つかいますが、関東では　しかくい
おもちを　つかうと　聞きました。

おばの　うちの　おぞうには　まるい　おもちで、たくさん　やさいが　入って
いました。おいしい　おせちりょうりを　食べてから、ちかくの　じんじゃに
初もうでに　行きました。

コメント1

元日は　きものを　着て　となりの　まちに　ある　大きい　じんじゃに
初もうでに　行きました。大ぜいの　人が　いて　こんでいましたが、きも
のを　着た　人を　あまり　見ませんでした。ざんねんな　ことに　さいき
ん　きものを　着て　初もうでに　行く　人が　へってきました。でんとう
ぶんかは　たいせつだと　思うんですが、ローザさんは　どう　思いますか。

コメント2

....
....
....
....

NEW WORDS

（お）もち	rice cake		関東	Kanto region
～によって	depending on, according to [→ L15]		しかくい	rectangular
関西	Kansai region		初もうで	New Year visit to a Shinto shrine
まるい	round			

◆ Practice

〜たら　〜ました

Read the sentences and fill in each blank with a verb, in its –たら form, chosen from the box below.

例) レポートを　<u>書いていたら</u>、書けない　かんじが　ありました。でも　電子じ
しょで　<u>しらべたら</u>、すぐ　わかりました。

1) きのう　ざっしを＿＿＿＿＿＿＿＿＿＿＿＿＿＿＿、さいきん　うちの　ちかくに
できた　タイりょうりの　レストランの　きじを　見つけました。週末に
行ってみようと　思って＿＿＿＿＿＿＿＿＿＿＿＿＿、すぐ　予約できました。

2) きのう　車を　うんてんしていた　とき、ねむく　なりましたが、ミントの
ガムを＿＿＿＿＿＿＿＿＿＿＿＿＿、あたまが　すっきりしました。

3) きのう　仕事の　帰りに　銀座を＿＿＿＿＿＿＿＿＿＿＿、すてきな　ブーツ
を　見つけました。その　ブーツを＿＿＿＿＿＿＿＿＿＿＿、店員が　来て
「どうぞ　はいてみてください」と　言いました。＿＿＿＿＿＿＿＿＿＿＿、
ぴったりでした。買おうと　思って　ねだんを＿＿＿＿＿＿＿＿＿＿＿、
とても　高くて　びっくりしました。しばらく　かんがえましたが、買いませ
んでした。

見ました	見ていました	しらべました
あるいていました	読んでいました	はいてみました
電話を　しました	書いていました	かみました

NEW WORDS

ミント	mint	ぴったり（な）	perfect (of fit)
ガム	gum	ねだん	price
すっきりする	feel refreshed	しばらく	for a while
ブーツ	boots	かむ	chew

108

～てしまう

Read each person's story about a past mistake. Then talk about a mistake you yourself have made.

1) 鈴木さんの　しっぱい

　　この間、タクシーと　まちがえて　パトカーを　とめてしまいました。

　　夜　おそくまで　友だちと　おさけを　飲んで　店を　出た　とき、車が　1だい　はしってきました。やねに　何か　ついていたので、タクシーだと　思って　その　車を　とめたら、パトカーだったんです。車から　けいかんが　おりてきた　ときは、ほんとうに　びっくりしました。

2) マルタンさんの　しっぱい

　　この間、電車を　まちがえて、友だちと　やくそくした　時間に　1時間　おくれてしまいました。

　　駅の　ホームに　着いたら、電車が　来ていたので、急いで　のったら、はんたいの　ほうこうに　行く　電車だったんです。急行だったので　つぎの　駅まで　20分　とまりませんでした。けいたいを　もっていなかったので、友だちに　れんらくできませんでした。待ち合わせの　ばしょに　着いた　とき、友だちは　とても　おこっていました。

3) 加藤さんの　しっぱい

　　この間、北海道に　行った　とき、札幌の　くうこうの　ロビーに　おみやげを　わすれてきてしまいました。

　　くうこうで　北海道の　食べものを　たくさん　売っていたので、夜　食べようと　思って、かにを　買いました。にもつが　たくさん　あったので、ひこうきに　のる　とき、かにが　ないのに　気づかなかったんです。ざんねんです。

● NEW WORDS

しっぱい	failure, mistake	おりてくる	get out (and come near)
この 間	the other day	ほうこう	direction
パトカー	police car	急行	express
おそくまで	until late	おこる	get mad
～だい	(counter for cars)	わすれてくる	forget, leave behind
はしってくる	come running (toward one)	かに	crab
やね	roof [→ L15]		

〜ば

Read each request for advice and complete the response by filling in each blank with a verb, in its –ば form, in a form that makes sense, as in the example chosen from the box that follows.

そうだん1： かんたんに やせる ほうほうを おしえてください。

しょうがつに おせちりょうりや おもちを たくさん 食べて ふとってしまいました。きのうの ばん たいじゅうを はかってみたら、5キロ ふえていました。やせる ほうほうを おしえてください。

かいとう

やせるのは かんたんです。毎日 何か 例)うんどうを すれば、すぐ やせます。朝 はやく おきて ジョギングを してみてください。毎日 1時間ぐらい 1) ....、すぐ たいじゅうが へります。ジョギングを する 時間が なかったら、毎日 できるだけ たくさん あるいてください。駅や 会社で いつも かいだんを 2) ....、ジョギングと おなじ こうかが あります。

うんどうを する　　はしる　　のぼる

そうだん2： かんじの べんきょうの しかたを おしえてください。

日本語の べんきょうを 3年 していますが、なかなか かんじが おぼえられません。どうすれば いいですか。

かいとう

まず かんじを すきに なってください。そして、毎日 少しずつ おぼえてください。毎日 一つずつ 3) ....、1年で 365じ おぼえられます。それを 2年 4) ....、700じいじょう おぼえられます。700じいじょう 5) ....、新聞や ざっしも 読めると 思います。わからない かんじが あったら、じしょで しらべてください。さいきんは いい 電子じしょが ありますから、ぜひ つかってみてください。

つづける　　おぼえる　　読める

NEW WORDS

ほうほう	method, way	かいとう	answer
ふとる	gain weight, get fat	こうか	effect
たいじゅう	(body) weight	〜じ	(counter for characters and letters)
はかる	measure		

Listening Challenge

Listen to the CD and answer the questions about each dialogue.

❶
Tr. 39

1) たばこを　やめたいのは　男の　人ですか、女の　人ですか。
　　　　　　　　　　　　　　おとこ　ひと　　　　おんな　ひと

....

2) きんえんガムは　どこで　売っていますか。
　　　　　　　　　　　　　　う

....

3) きんえんガムで　たばこを　やめられたのは　男の　人ですか、女の　人で
　　　　　　　　　　　　　　　　　　　　　　おとこ　ひと　　　　おんな　ひと
すか。

....

❷
Tr. 40

1) 女の　人は　どうやって　えどずしを　見つけましたか。
　おんな　ひと　　　　　　　　　　　　　み

....

2) えどずしは　どこに　ありますか。

....

3) えどずしは　何時ごろ　行けば、すいていますか。
　　　　　　　　なんじ　　　い

....

⬭ NEW WORDS

きんえんガム　　　　antismoking gum

111

📝 Reading & Writing

メールの　やりとり

1月15日
ゆき
雪まつり

ローザさん、おひさしぶりです。おげんきですか。

北海道は　雪が　つもっています。ぼくは　毎週　スキーを　たのしんでいるの
ほっかいどう　ゆき　　　　　　　　　　　まいしゅう
で、雪やけで　まっくろに　なってしまいました。ところで、来月　2月6日か
ゆき　　　　　　　　　　　　　　　　　　　　らいげつ　がつむいか
ら1週間　札幌で　雪まつりが　あります。よかったら、洋子さんと　いっしょ
いっしゅうかん　さっぽろ　ゆき　　　　　　　　　　　ようこ
に　見に　来ませんか。これは　去年の　雪まつりで　とった　しゃしんです。2、
み　き　　　　　　　　　きょねん　ゆき
3日　来られれば、札幌を　ゆっくり　あんないできます。ぜひ　来てください。
にち　こ　　　さっぽろ　　　　　　　　　　　　　　　　き

佐藤
さとう

RE：雪まつり
ゆき

佐藤さん、メール　ありがとうございました。ごぶさたしています。富士山では
さとう　　　　　　　　　　　　　　　　　　　　　　　　　　ふじさん
おせわに　なりました。

雪まつりは　一度　見てみたいと　思っていました。洋子さんに　休みが　とれ
ゆき　　　いちど　み　　　　おも　　　　　　ようこ　　　やす
るか　どうか　聞いてみます。
き

ローザ

NEW WORDS

雪が　つもる ゆき	snow piles up	まっくろ	very black
つもる	pile up	おせわに　なる	be shown kindness, be taken care of
雪やけ ゆき	snow tan		

予約
よやく

ローザさん、さっそくの　おへんじ　ありがとうございました。

雪まつりの　ころ、札幌は　とても　こむので、はやく　予約した　ほうが　い
ゆき　　　　　　　　さっぽろ　　　　　　　　　　　　　　　　　　よやく
いと　思います。予定が　わかったら、れんらくしてください。
　　　おも　　　よてい

佐藤
さとう

雪まつりに　行きませんか
ゆき　　　　　い

洋子さん、お仕事は　いそがしいですか。鎌倉から　東京の　会社に　毎日　か
ようこ　　しごと　　　　　　　　　　　　かまくら　とうきょう　かいしゃ　まいにち
ようのは　たいへんですね。

きのう　札幌の　佐藤さんから　メールが　来ました。2月6日から　雪まつり
　　　　さっぽろ　さとう　　　　　　　　き　　　　がつむいか　　　ゆき
が　あると　言っていました。洋子さんは　2月6日ごろ　休みが　とれますか。
　　　　　い　　　　　　　　ようこ　　　がつむいか　やす
もし　休みが　とれたら、いっしょに　行きませんか。
　　　やす　　　　　　　　　　　い

ローザ

NEW WORDS

さっそくの　　　　prompt

RE：雪まつりに　行きませんか

ローザさん、メール　ありがとうございました。

札幌の　雪まつり、いいですね。私も　まだ　行った　ことが　ないので、ぜひ　行ってみたいです。でも、今　じょうしが　しゅっちょう中なので、休みが　とれるか　どうか　来週まで　わかりません。わかったら　すぐ　れんらくします。

洋子

RE：予約

佐藤さん、洋子さんは　休みが　とれれば　いっしょに　行けると　言っていました。休めるか　どうか　来週　わかると　言っていました。わかったら　すぐ　れんらくします。

それから、今日　インターネットで　しらべてみたら、東京 発の　雪まつりツアーが　いろいろ　ありました。いちばん　安いのは　２泊３日の　ツアーで、こうくうけんに　ホテルが　ついて　４万８千円です。洋子さんの　休みが　とれたら、来週　予約しようと　思っています。

札幌で　会えるのを　たのしみに　しています。

ローザ

NEW WORDS

こうくうけん　　　airplane ticket

114

Write an e-mail to invite a friend to a fun event.

◈ Practice

～と

Read the following passages and describe in your own words what each person does to feel better when tired. Then practice explaining what you yourself do when you are tired.

つかれた とき どうしますか。

1) 佐々木です。私は つかれた とき、クラシックおんがくを 聞きます。仕事が いそがしかった 日は ゆっくり おふろに 入って、それから ブラームスの CDを 聞きます。すきな おんがくを 聞くと、気分が よく なります。そして げんきに なります。

2) マルタンです。私は つかれた とき、おいしい ワインを 飲みます。友だちを よんで、フランスから もってきた おいしい ワインを あけます。私は 友だちと いっしょに ワインを 飲むのが すきです。おいしい ワインを 飲むと、つかれが とれます。

3) ミルズです。私は つかれた とき、スポーツクラブに およぎに 行きます。水に 入ると、からだが かるく なります。まず 水の 中で あるきます。25メートルプールを 2おうふく あるきます。つぎに ゆっくり 800メートル およぎます。1000メートルいじょう およぐと つかれてしまうので、800メートルぐらい およいだら やめます。さいごに もう一度 100メートルぐらい あるきます。プールを 出てから サウナに 入ります。それから ビールを 飲むと、すっかり つかれが とれます。

4) 私は つかれたとき、．．。
．．．．．．．．．．．．．．．．と、．．．．．．．．．．．．．．．．．．．．．．．．．．．．．．．．．．．．．．．。

NEW WORDS

クラシック	classical	サウナ	sauna
ブラームス	Brahms	すっかり	completely
つかれが とれる	get over one's fatigue		
つかれ	fatigue		
とれる (R2)	wear off		

～なければ　なりません

Mr. Mills has so many things to do today, it gives him a headache just to think about it. Mr. Suzuki is not very busy, so he decides to help Mr. Mills. Read the dialogue below and do the exercises that follow.

ミルズ：　鈴木さん、ちょっと　いいですか。

鈴木：　はい、何ですか。

ミルズ：　じつは　今日中に　しなければ　ならない　仕事が　たくさん　あるんですが……。

鈴木：　それは　たいへんですね。私は　今日は　あまり　いそがしくないので、何か　おてつだいしましょうか。

ミルズ：　ありがとう。たすかります。

鈴木：　何を　しましょうか。

ミルズ：　さっき　メモを　したんですが、これです。

Things to Do

1. のぞみデパートに　新しょうひんの　サンプルを　おくる

2. クリスマスカードの　おくり先を　かくにんする

3. 部長に　そうだんして　大阪しゅっちょうの　日を　きめる

4. あしたの　はんばい会議の　しりょうを　作る

5. 新しょうひんの　パンフレットの　げんこうを　ほんやくする

鈴木：　たいへんですね。じゃ、クリスマスカードの　おくり先は　私が　かくにんしましょう。

⬤ **NEW WORDS**

今日中	within the day, sometime today, by the end of the day
メモを　する	make a memo
おくり先	person to whom one will send something
かくにんする	verify, confirm
げんこう	manuscript
ほんやくする	translate

1) List the tasks that Mr. Mills must accomplish today, as in the example.

1. 例) のぞみデパートに　新しょうひんの　サンプルを　おくらなければ
　　 なりません。

2. ....

3. ....

4. ....

5. ....

2) State what Mr. Suzuki will do.

....

....

Listening Challenge

Tr. 41　Mr. Suzuki asks Mr. Mills how to verify addresses for Christmas cards their company is sending out to clients. Listen to the CD and answer the questions.

1) あつい　リストは　何の　リストですか。

....

2) うすい　リストは　何の　リストですか。

....

3) 今年は　とりひき先が　ふえましたか、へりましたか。

....

4) クリスマスカードを　ひらくと　何が　聞けますか。

....

NEW WORDS

まちがい　　　　mistake

📝 Reading & Writing

ローザの　ブログ

3月3日
がつみっか
新聞社の　入社しけん
しんぶんしゃ　　　にゅうしゃ

きのう、カナダ新聞社の　東京しきょくで
　　　　　　しんぶんしゃ　とうきょう
入社しけんを　うけました。
にゅうしゃ
カナダ新聞社は　カナダで　いちばん　大きくて　ゆうめいな　新聞社です。き
　　　しんぶんしゃ　　　　　　　　　　　　　　おお　　　　　　　　　しんぶんしゃ
しゃを　ぼしゅうしていたので、おうぼしてみました。

おうぼする　前に　カナダの　両親に　電話を　しました。もし　新聞きしゃに
　　　　　　まえ　　　　　　りょうしん　でんわ　　　　　　　　　　　しんぶん
なったら、両親の　いえの　ちかくで　くらせないかもしれません。でも　父は
　　　　　りょうしん　　　　　　　　　　　　　　　　　　　　　　　　　　ちち
やりたい　仕事を　するのが　いちばん　いいと　言っていました。母も　さん
　　　　　しごと　　　　　　　　　　　　　　　　　い　　　　　　　　はは
せいしました。

入社しけんは　ひっきしけんと　めんせつでした。日本語が　できる　きしゃを
にゅうしゃ　　　　　　　　　　　　　　　　　　　　にほんご
ぼしゅうしていたので、日本語の　しけんも　ありました。ひっきしけんでは
　　　　　　　　　　　にほんご
長い　きじを　読んで、しつもんの　こたえを　書きました。長い　きじを　読
なが　　　　よ　　　　　　　　　　　　　　　か　　　　なが　　　　　　　よ
むのは　むずかしかったですが、日本の　おてらについての　きじだったので、
　　　　　　　　　　　　　　にほん
しつもんに　こたえるのは　あまり　むずかしくなかったです。奈良や　京都に
　　　　　　　　　　　　　　　　　　　　　　　　　　なら　　　きょうと
行って　よかったと　思いました。
い　　　　　　　おも

NEW WORDS

新聞社 しんぶんしゃ	newspaper (publisher)	さんせいする	agree, be for something
入社しけん にゅうしゃ	employment exam	ひっきしけん	written exam
入社 にゅうしゃ	entrance into a company	めんせつ	interview
しきょく	branch bureau/office	こたえ	answer (n.)
おうぼする	apply	しつもん	question
新聞きしゃ しんぶん	newspaper reporter	こたえる (R2)	answer (v.)

めんせつでは、どうして　新聞きしゃに　なりたいか　くわしく　話しました。
日本中を　旅行した　ことも　話しました。新聞社の　人は　旅行の　話が　お
もしろいと　言っていたので、ごうかくできるかもしれません。

NEW WORDS

くわしく　　　　　　in detail

3月10日
うれしい　しらせ

きのう　カナダ新聞社から　うれしい　しらせが　とどきました。メールで　ご
うかくつうちが　来たんです。すぐ　カナダの　両親に　電話で　しらせました。
私は　子どもの　ころから　新聞きしゃに　なりたかったので、きのうの　ばんは
うれしくて　ねられませんでした。

3月11日
カナダに　帰ります

今朝　カナダ新聞社から　入社てつづきに　ひつような　しょるいが　とどき
ました。入社する　日は　3月26日です。入社したら　トロントの　本社で
3か月　けんしゅうが　あります。できるだけ　はやく　カナダに　帰らなけれ
ば　なりませんが、まだ　帰る　じゅんびを　何も　していません。マンショ
ンを　出る　じゅんびを　しなければ　ならないし、おみやげも　買わなければ
ならないし、今日から　いそがしく　なります。

NEW WORDS

しらせ　　　　　　　notice
ごうかくつうち　　　notice of acceptance
帰国　　　　　　　　returning to one's home country
てつづき　　　　　　paperwork
トロント　　　　　　Toronto

コメント1

ローザさん、おめでとうございます。ごうかくしたと　聞いて　私も　とても
うれしいです。ローザさん、いそがしくなると　ブログを　書く　時間も
なくなるかもしれませんね。ブログが　読めないのは　ざんねんですが、今
度は　ローザさんの　きじを　読むのを　たのしみに　しています。

コメント2

....
....
....
....
....
....
....
....

3月15日

みなさん　さようなら

あした　日本を　出発します。この　ブログも　今日が　さいごです。

たくさん　コメントを　ありがとうございました。みなさんの　コメントの　おかげで、この　ブログを　書くのが　とても　たのしかったです。

新聞きしゃに　なったら、日本を　しょうかいする　きじを　たくさん　書こうと　思っています。カナダの　人は　日本の　アニメや　おすしなどは　しっていますが、れきしや　しぜんについては　まだ　あまり　しらないと　思います。私は　日本と　カナダを　むすぶ　かけはしに　なりたいです。カナダに　帰ったら　いそがしくなると　思いますが、がんばりますので、おうえんしてください。

日本を　はなれるのは　ざんねんですが、いつか　また　日本に　来たいと　思います。それまで　しばらくの間　さようなら。

みなさん、おげんきで。

星野ローザ

NEW WORDS

アニメ	animation
むすぶ	join, tie
かけはし	bridge (often used metaphorically, as in between peoples or cultures)
おうえんする	support, cheer on
しばらくの間	for a while

Supplement to the Workbook

ANSWERS TO SELECTED EXERCISES

Practice

どこか　なにか　だれか

❶　どこか　　どこに　　　❷　なにか　　なにを　　　❸　だれか　　だれも

なにが　いいですか

❶　**nomimono**　　　　　　beverages
　　burendo-kōhī　　　　　blended coffee (strong coffee)
　　amerikan-kōhī　　　　　American coffee (weak coffee)
　　esupuresso　　　　　　espresso
　　kafeore　　　　　　　　café au lait
　　kapuchīno　　　　　　cappucino
　　kōcha　　　　　　　　tea

　　kēki　　　　　　　　cake
　　banana-kēki　　　　　banana cake
　　furūtsu-kēki　　　　　fruitcake
　　chīzu-kēki　　　　　　cheesecake
　　chokorēto-kēki　　　　chocolate cake
　　maron-pai　　　　　　marron pie
　　appuru-pai　　　　　　apple pie

❷　1)　Ａ：のみものは　なにが　いいですか。
　　　　Ｂ：カプチーノが　いいです。
　　2)　Ａ：ケーキは　なにが　いいですか。
　　　　Ｂ：アップルパイが　いいです。

❸　1)　カプチーノを　みっつと　マロンパイを　ふたつ　おねがいします。
　　2)　こうちゃを　みっつと　チョコレートケーキを　ひとつと　アップルパイを
　　　　ふたつ　おねがいします。

なにが　いいでしょうか

　　1)　すずき：こんしゅうの　きんようびは　なかむらさんの　たんじょうびですね。な
　　　　　　　　にか　プレゼントを　かいませんか。
　　　　かとう：そうですね。なにが　いいでしょうか。
　　　　すずき：マグカップは　どうですか。
　　　　かとう：そうですね。そうしましょう。

　　2)　すずき：らいしゅうの　かようびは　マリーさんの　たんじょうびですね。なにか
　　　　　　　　プレゼントを　かいませんか。
　　　　かとう：そうですね。なにが　いいでしょうか。
　　　　すずき：にほんの　うたの　ＣＤは　どうですか。
　　　　かとう：そうですね。そうしましょう。

124

3) すずき：らいしゅうの　どようびは　ささきさんの　たんじょうびですね。なにか
　　　　　　　　　プレゼントを　かいませんか。
　　かとう：そうですね。なにが　いいでしょうか。
　　すずき：えいがの　DVDは　どうですか。
　　かとう：そうですね。そうしましょう。

～と　～と　どちらが　／　～の　ほうが（～より）　／　～が　いちばん

❶　1）　3じかん（ぐらい）かかります。
　　2）　1じかん　15ふん（ぐらい）かかります。
　　3）　ひこうきの　ほうが（しんかんせんより）はやいです。

❷　1）　あさの　ほうが（ゆうがたより）こんでいます。
　　2）　ちかてつの　ほうが（くるまより）はやいです。

❸　1）　やく1じかん（ぐらい）かかります。
　　2）　リムジンバスの　ほうが（なりたエクスプレスより）じかんが　かかります。
　　3）　2,940えんです。
　　4）　やく17,000えんです。
　　5）　なりたエクスプレスの　ほうが（リムジンバスより）やすいです。
　　6）　タクシーが　いちばん　たかいです。

Listening Challenge

❶　すずきさんの　ほうが（かとうさんより）よく　ジムに　いきます。

❷　すずきさんの　ほうが（ミルズさんより）たくさん　ビールを　のみました。

❸　すずきさんの　くるまの　ほうが（なかむらさんの　くるまより）たかいです。

❹　1）　はい、すきです。
　　2）　いいえ、あまり　たべません。

❺　1）　はこねに　いきます。
　　2）　かとうさんの　ほうが（ミルズさんより）じょうずです。

LESSON 2

Practice

～たいんですが

1）　きゃく：　プリンターを　かいたいんですが。
　　てんいん：2かい
2）　きゃく：　パソコンを　みたいんですが。
　　てんいん：2かい
3）　きゃく：　そうじきの　パンフレットを　もらいたいんですが。
　　てんいん：3がい

～は ～より ／ ～は ～で いちばん

❶ 1) （なかむらさんの） おとうさんの ほうが （おかあさんより） よく りょうりを します。

2) おとうさんの てんぷらの ほうが （おかあさんの てんぷらより） おいしいです。

3) おかあさんの ほうが （おとうさんより）よく カラオケに いきます。

4) おかあさんの ほうが （なかむらさんより） あたらしい うたを よく しっています。

❷ 1) （なかむらさんの）おにいさんの ほうが （おとうとさんより） せが たかいです。

2) おとうとさんの ほうが （おにいさんより） サッカーが じょうずです。

3) おとうとさんの ほうが （おにいさんより） よく サッカーの れんしゅうを しています。

4) おにいさんの ほうが （なかむらさんより） たくさん ふくを かいます。

もっと ～のは ありませんか

❶ 1) かるい

2) ほそい

3) じみな

4) たかい

5) やわらかい

6) あつい

❷ 1) もっと かるいの

2) もっと ほそいの

3) もっと じみなの

4) もっと ひくいの

5) もっと やわらかいの

6) もっと うすいの

Listening Challenge

❶ 1) はい、こんでいます。

2) いいえ、あまり こんでいません。

3) はい、（ナポリの ピザより）おいしいです。

4) ローマの ピザに します。

❷ 1) おねえさんの マンションの ほうが （シカさんの マンションより） ひろいです。

2) シカさんの マンションの ほうが （おねえさんの マンションより） えきから ちかいです。

3) おねえさんの マンションの ほうが （シカさんの マンションより） しずかです。

4) こうえんが あります。

Practice

〜で／くて

❶ 1）ちかてつの　ぎんざえきの　ちかくに　あります。
　 2）ちょっと　たかいですが、ピザが　おいしくて　にぎやかな　レストランです。
　 3）イタリアじんですが、にほんごが　じょうずで　しんせつです。

❷ 1）にほんりょうりの　レストランです。
　 2）とうきょうビルの　１かいに　あります。
　 3）やすくて　おいしいです。
　 4）てんぷらが　ゆうめいです。
　 5）あかるくて　しんせつです。

❸ 1）ほそくて　じみな
　 2）おとなしくて　ちいさい
　 3）やわらかくて　デザインが　いい
　 4）いろが　きれいで　ヒールが　たかい
　 5）デザインが　シンプルで　ちいさい
　 6）やさしくて　あたまが　いい

〜ています

❶ 1）Q：やきそばに　なにが　はいっていますか。
　　　A：やさいと　ぶたにくが　はいっています。
　　　Q：えびも　はいっていますか。
　　　A：いいえ、えびは　はいっていません。

　 2）Q：スープに　なにが　はいっていますか。
　　　A：さかなと　とうふと　しょうがが　はいっています。
　　　Q：とうがらしも　はいっていますか。
　　　A：いいえ、とうがらしは　はいっていません。

❷ 1）Q：とんかつていしょくに　なにが　ついていますか。
　　　A：とんかつに　ごはんと　みそしるが　ついています。

　 2）Q：モーニングセットに　なにが　ついていますか。
　　　A：コーヒーに　トーストと　たまごが　ついています。

Listening Challenge

❶ 1）B　　　　2）B　　　　3）A　　　　4）B

❷ 1）a. F　　　　b. T　　　　c. F
　 2）a. T　　　　b. F　　　　c. T
　 3）a. F　　　　b. T　　　　c. T
　 4）a. T　　　　b. F　　　　c. T

Practice

～んです

❶ 1) パーティーが　あるんです。
   2) ともだちと　あうんです。
   3) おんせんに　行くんです。
   4) 毎朝　1時間　あるくんです。
   5) ともだちと　えいがを　みに　行くんです。

❷ 1) ミルズ：ぜんぶ　一人で　するんですか。
      鈴木：　ええ。アシスタントが　いないんです。
   2) ミルズ：あるいて　来るんですか。
      鈴木：　ええ。ちかくに　すんでいるんです。
   3) ミルズ：ええっ、12時まで　かいしゃに　いるんですか。
      鈴木：　ええ。しごとが　たくさん　あるんです。
   4) ミルズ：ええっ、ぜんぜん　かいものに　行かないんですか。
      鈴木：　ええ。いつも　インターネットで　かうんです。
   5) ミルズ：ええっ、ぜんぜん　へやを　そうじしないんですか。
      鈴木：　ええ。この　そうじロボットが　するんです。

～に　～回

   1) 山本さんは　毎日　そうじを　します。
   2) 佐々木さんは　週に　1回　かいものを　します。
   3) 鈴木さんは　月に　1回　かみを　きります。
   4) マリーさんは　年に　1回　しゅっちょうを／りょこうを　します。
   5) チャンさんは　1日に　3回　はを　みがきます。
   6) シカさんは　1日に　2回　（いぬと）　さんぽを　します。
   7) 加藤さんは　毎朝　ひげを　そります。
   8) グリーンさんは　3日に　1回　ビールを　のみます。
   9) ミルズさんは　2週間に　1回　りょうりを　つくります／します。

Listening Challenge

❶ 1) 来るんですか
   2) のまないんですか
   3) おいしいんです

❷ 1) ならっていますか
   2) 週に　1回
   3) ならっているんですか
   4) みに

❸ 1) かいものですか
   2) するんです

3) するんですか
4) します

Practice

～たんです　／　～たんですか

❶　1) ともだちに　もらったんです。
　　2) きょねん　フランスで　かったんです。
　　3) なつやすみに　北海道で　とったんです。
　　　　　　　　　　ほっかいどう
　　4) 父が　とうげいきょうしつで　つくったんです。
　　　ちち
　　5) きのうの　夜　そうじを　したんです。
　　　　　　　　よる

❷　1) どのぐらい　ハワイに　いたんですか。
　　2) ハワイの　どこに　行ったんですか。
　　3) 毎日　何を　していたんですか。
　　　まいにち　なに
　　4) いつから　フラダンスの　れんしゅうを　しているんですか。

❸　1) 6時から　かいぎが　あるんです。
　　　　じ
　　2) ともだちが　成田に　つくんです。
　　　　　　　　なりた
　　3) にもつが　来るんです。
　　　　　　　　く
　　4) くにから　母が　来ているんです。
　　　　　　はは　き

❹　1) みちが　こんでいたんです。
　　2) ばしょが　わからなかったんです。
　　3) チャンさんを　まっていたんです。
　　4) あしたの　かいぎの　じゅんびを　していたんです。

～た　ことが　あります

❶　1) おにぎりを　食べた　ことが　あります。
　　　　　　　　た
　　2) うまに　のった　ことが　あります。
　　3) からてを　した　ことが　あります。
　　4) 東京タワーに　のぼった　ことが　あります。
　　　とうきょう
　　5) カラオケで　うたを　うたった　ことが　あります。

❷　1) （きた　ことが）あります
　　2) （食べた　ことが）ありません
　　　　た

Listening Challenge

❶　1) したんですが
　　2) 行ったんですか
　　3) すんでいるんです

❷ 1) したんですか
 2) 帰ったんです
 3) のらなかったんですか
 4) なかったんです

❸ 1) つくったんです
 2) はじめたんですか
 3) した ことが ありますか
 4) ないんです

LESSON 6

Practice

〜く／に

❶ 1) 小さく
 2) みじかく
 3) ながく
 4) うすく
 5) あつく
 6) きれいに
 7) しずかに

❷ 1) きれいに
 2) たのしく
 3) じょうずに

〜てきます

 1) コピーを してきます。
 2) コーヒーを 買ってきます。
 3) メールを 見てきます。
 4) たばこを すってきます。
 5) ファックスを おくってきます。
 6) てがみを だしてきます。
 7) しりょうを さがしてきます。
 8) ファイルを とってきます。
 9) データを しらべてきます。

〜た／ない ほうが いいです

❶ 1) びょういんに 行った ほうが いいですよ。
 2) 薬を 飲んだ ほうが いいですよ。
 3) はやく ねた ほうが いいですよ。
 4) たばこを すわない ほうが いいですよ。
 5) 2、3日 休んだ ほうが いいですよ。

❷　1)　やさいを　食べた　ほうが　いいですよ。

　　2)　あまい　ものを　食べない　ほうが　いいですよ。

　　3)　ビールを　飲まない　ほうが　いいですよ。

　　4)　毎日　ジムで　およいだ　ほうが　いいですよ。
　　　　まいにち

❸　1)　ながそでの　シャツを　きた　ほうが　いいですよ。

　　2)　ショートパンツを　はかない　ほうが　いいですよ。

　　3)　ぼうしを　かぶった　ほうが　いいですよ。

　　4)　セーターを　もっていった　ほうが　いいですよ。

もう　～ました　／　まだ　～ていません

　　1)　しました。

　　2)　かたづけていません。

　　3)　だしていません。

　　4)　きめました。

　　5)　わたしていません。

～んです　／　～なんです

　　1)　ここは　ちゅうしゃきんしなんですが。

　　2)　そこは　わたしの　せきなんですが。

　　3)　にもつが　じゃまなんですが。

　　4)　ちょっと　うるさいんですが。

　　5)　ちょっと　さむいんですが。

Listening Challenge

❶　1)　どうしたんですか

　　2)　いたいんです

　　3)　小さいんです
　　　　ちい

　　4)　いっていないんです

❷　1)　していますか

　　2)　しているんですか

　　3)　しています

　　4)　した

　　5)　すきなんですよ

LESSON 7

Practice

～まえに　／　～てから　／　～の　とき

❶　1)　ニューヨークに　ひっこす

　　2)　はじめて　日本に　来る
　　　　　　　　　に　　　　く

　　3)　アメリカの　大学に　入学する
　　　　　　　　　だいがく　　にゅうがく

        4）（サンフランシスコで）ベンチャービジネスを　はじめる

        5）日本の　会社と　プロジェクトを　はじめる
          に ほん　　　かいしゃ

        6）かごしまで　生まれる
                　 う

        7）東京に　ひっこす
          とうきょう

        8）インターハイに　でる

        9）大学を　そつぎょうする
          だいがく

        10）けんちくじむしょに　しゅうしょくする

  ❷ 　1）１さいの　とき　生まれました。
                    う
      2）１２さいの　とき　来ました。
         いっ   き
      3）中学に　入る　前に　来ました。
         ちゅうがく　はい　まえ　き
      4）高校の　とき　でました。
         こうこう
      5）２２さいの　とき　行きました。
                    い
      6）そつぎょうしてから　りゅうがくしました。

      7）そつぎょうしてから　はじめました。

      8）そつぎょうする　前に　しりあいました。
                    まえ
      9）いいえ。アメリカの　けんちくじむしょに　しゅうしょくしてから　けっこん

        しました。

TRANSLATIONS

❶　Tamura Shin'ichi
Shin'ichi was born February 1978 in Chicago. In 1983 he moved to New York. In 1990 he came to Japan for the first time and entered junior high school in Kobe. He continued to live in Kobe from then until graduating from high school. Shin'ichi is good at sports. He went on the tennis team in junior high school, but in high school went on the basketball team.

In 1996 Shin'ichi graduated from high school and entered a university in the United States. In college he studied management. In 2000 he graduated from college and started a venture business in San Francisco. He met Mariko at a party in 2002. In 2004 Shin'ichi's company began work on a project with a company in Japan. Since then he has been coming to Tokyo on business trips once or twice a month.

Nakano Mariko
Mariko was born April 1979 in Kagoshima. In 1989 she moved to Tokyo. She entered junior high school in Tokyo. She has liked sports ever since she was a child. In junior high school, she was captain of the tennis team. She continued playing tennis even after entering high school. In 1996 she participated in the Inter–High School Athletic Meet. Mariko entered university in 1997 and studied architecture. In 2001 she graduated from college and went to study abroad at a design school in the United States. She met Shin'ichi at a party in 2002. The following year she graduated from design school and took a job at an architectural office in the United States. She is working there now.

Listening Challenge

❶　1）げんかん　　2）スリッパ　　3）わしつ　　4）たたみ　　5）トイレ
      6）トイレ用の　スリッパ
            よう

❷　1）F　　2）T　　3）T　　4）T　　5）F　　6）T　　7）F

LESSON 8

Practice

～く　なります　／　～に　なります

      1）げんきに　なりました

2) とても いそがしく なりました
3) サービスが よく なりました
4) チェックインと しはらいが かんたんに なりました
5) おきゃくさんが おおく なりました

～る／た とき

❶ 1) ポケットの なかみを かごに 入れました。
2) ゲートを とおった とき なりました。

❷ 1) きないはんばいの カタログを 見ていました。
2) めんぜいひんの ふくろを 三つ もっていました。

TRANSLATIONS

❶ Last month when I went with my wife to Italy, the security check at the airport was very strict. It took more time than usual. While about to walk through the security checkpoint, I put the contents of my pockets inside a basket in front of the detector. But when I walked through the detector, the buzzer sounded. I took a good look inside my pockets one more time. There was a key in my shirt pocket. A lot of people were behind me standing in line.

❷ On the plane I saw a movie. While I was watching the movie, my wife was looking through the in-flight shopping catalog. I was asleep the whole time from when the movie ended until our arrival in Milan. When it was time to get off the plane, my wife was carrying three bags of duty-free merchandise.

～と いっていました

1) なつ休みの キャンプは とても たのしかった
2) 先生に 会いたかった
3) 国に 帰ってからも 日本語の べんきょうを つづける
4) また 日本に 来て べんきょうを したい
5) 日本の 会社に しゅうしょくして また 日本に 来る
6) 日本は だい二の 母国だ

Listening Challenge

❶ 1) a. はる   2) a. T   b. F   c. T

❷ 1) b. なつ   2) a. T   b. T   c. F

❸ 1) c. あき   2) a. F   b. T   c. T

❹ 1) d. ふゆ   2) a. F   b. F   c. T

LESSON 9

Practice

NOUN MODIFICATION

1) 東京 ディズニーランドが ある
2) 日本で いちばん ふるい おんせんが ある

3) たなばたまつりが　ゆうめいな

4) おいしい　おこめや　おさけを　作っている

5) えどじだいに　オランダ人が　すんでいた

6) ２００５年に　せかいいさんに　なった

～のは

❷ 1) ７月２５日（です）。

2) ７月２６日（です）。

3) ７月２７日（です）。

4) ７月２９日（です）。

5) ７月２８日（です）。

TRANSLATION

Mr. Green traveled through Europe with his family during summer vacation. While in Vienna, he wrote a letter to his Japanese teacher.

Dear Mr. Kimura,

Please excuse me for not having kept in touch. How are you?

We arrived in Vienna three days ago. On the day that we arrived, we went to an old church right in the middle of the city. We looked down on the city of Vienna from the top of the church tower. Vienna is a very beautiful city.

The place that we are staying in is an old hotel near the State Opera House. The room next to ours is one that a famous musician once stayed in.

The day before yesterday we went to Salzburg, located about three hours by train from Vienna. Salzburg is the town in which Mozart was born. After seeing the house that Mozart lived in, we went to see one of Mozart's operas. This performance that we saw right in the town that he was born in was wonderful.

We came back to Vienna yesterday. Tomorrow we will go on a cruise of the Danube. We will see castles and return to Japan on Friday of next week.

Well then, please take care of yourself.

July 28
Frank Green

Listening Challenge

Practice 1

〜ので

1) あしたの　朝　けんこうしんだんが　あるので、こんばん　何も　食べません。
2) きのうは　子どもの　たんじょうびだったので、はやく　うちに　帰りました。
3) 来週から　フードフェアが　始まるので、今週は　ずっと　いそがしいです。
4) れんきゅうは　どこも　こんでいると　思ったので、ずっと　うちに　いました。
5) 週末と　しゅくじつは　おきゃくさんが　すくないので、店を　あけません。

THE POTENTIAL FORM

❶ 1) とれます。
   2) 見られます。
   3) きけます。
   4) しらべられます。

❷ 1) お金が　おろせます。
   2) コンサートの　チケットが　よやくできます。
   3) でんわりょうきんや　でんきりょうきんが　はらえます。

Practice 2

❷ 1) けしきが　見たいので、まどがわの　せきを　おねがいします。
   2) おてあらいに　行く　とき　便利なので、つうろがわの　せきを　おねがいします。
   3) あかちゃんの　ベッドを　つかいたいので、スクリーンの　前の　せきを　おねがいします。

❸ 1) ベジタリアンな、たまごアレルギーな
   2) できるだけ　はやく　（ひこうきを）　おりたい
   3) あしが　わるい

TRANSLATIONS

Mr. Green is going to New York with his wife and child, the three of them together. Mr. Green's wife is a vegetarian. His child is allergic to eggs.

Mr. Smith is getting on a plane that will arrive at the airport in Osaka at 15:00. He has an important meeting at the Osaka branch office from 16:30. It takes an hour and fifteen minutes by train and subway to get from the airport to the Osaka branch office. A taxi would take more time. Mr. Smith is hoping to get off the plane and go to the branch office as quickly as possible.

Ms. Sasaki is going to Hokkaido with her mother. Ms. Sasaki's mother is 85 years old and has bad legs. Because the airport is big, Ms. Sasaki is hoping to rent a wheelchair.

Listening Challenge

1) d. １１月２日
2) えきの　前に　あたらしく　できた　イタリアンレストランで　あります。／ミラノで　あります。
3) ６人です。

Practice 1

THE VOLITIONAL FORM

1) 1週間 きゅうかを とろう
2) ちゅうきゅうクラスに もうしこもう
3) いぬを あずけよう
4) ＣＭソングを つくろう
5) もっと ひろい マンションに ひっこそう

～て

❶ 1) まどが 大きくて
2) まちに みどりが 多くて
3) リビングの てんじょうが 高くて
4) まわりが しずかで

❷ 1) えきから とおくて
2) ちかくに スーパーが なくて
3) となりの うちの 人が うるさくて
4) かんり人が あまり しんせつではなくて

～か／か どうか

❶ 1) どこに ごみを 出すか
2) となりの 人は どんな 人か
3) いりぐちに じてんしゃを おいても いいか どうか

❷ 1) 1年に きゅうかが 何日 あるか
2) 社員が 何人 いるか
3) ざんぎょうが 多いか どうか

Listening Challenge

❶ 1) 例)・ジムや プールの ついている ところ
2) 例)・ちかくに 小学校が ある ところ
・ひろい にわが あるところ
・うちの 前に くるまが とめられる ところ
3) 例)・こうがいの しずかな ところ
・にわが ある ところ
・みどりが 多い ところ

❷ 1) 例)
林さんふうふには、六本木タワーマンションが いいと 思います。スポーツ
ジムと プールが あるので、休みの 日に うんどうが できます。たくは
いロッカーが あるので、いつでも にもつが うけとれます。ちかに ２４
時間スーパーが あるので、とても 便利だと 思います。

2) 例)
　　森さんふうふには、売り家2が いいと 思います。森さんの うちは 子ど
　　もが ３人 いるので、ひろい うちが いいと 思います。売り家2は ひ
　　ろい にわが あるので、バーベキューが できます。おおきい いぬを か
　　えます。ちかくに 小学校が あるので、子どもたちが 学校に 行く とき、
　　便利だと 思います。ちゅうしゃじょうが あるので、うちの 前に くるま
　　が とめられます。

3) 例)
　　原さんふうふには、売り家1が いいと 思います。原さんは にわが ある
　　うちが いいと 言っていたので、売り家1が いいと 思います。にわで
　　ガーデニングや ゴルフの れんしゅうが できます。そして、ちかくに お
　　おきい こうえんが あるので、いつでも さんぽが できると 思います。

LESSON 12

Practice 1

〜かもしれません

1) かかるかもしれません
2) いたく なるかもしれません
3) ひくかもしれません
4) ねられないかもしれません
5) なるかもしれません
6) するかもしれません

〜たら

❶ 1) めんきょを とったら
2) じゅうしょが きまったら
3) そつぎょうしたら、しゃしんを とったら
4) こどもが 生まれたら

Practice 2

	去年 きょねん	今年（予定） ことし よてい
にっていは いつですか。	例) ７月の だい一日曜日 れい がつ いちにちようび	1) ７月の だい三日曜日 がつ さんにちようび
メインイベントは 何ですか。 なん	2) わだいこ	3) マジックショー
どんな もぎ店が ありますか。 てん	4) かきごおり、わたがし、 ポップコーン	5) かきごおり、わたがし、 ポップコーン

加藤さん かとう	例）となりの まちの じち会に ポップコーンの きかいが かりられ るか どうか 聞きます。 き
北川さん きたがわ	6）マジッククラブに 電話を して だい三日曜日に 来られるか でんわ さんにちようび こ どうか 聞きます。 き
南さん みなみ	7）来週までに もぎ店で つかう ざいりょうを ちゅうもんします。 らいしゅう てん
西山さん にしやま	8）来週までに なつまつりの ボランティアを ２０人ぐらい あつめ らいしゅう にん ます。

TRANSLATIONS

Every July in the local neighborhood of Sakuramachi there is a summer festival. Many people look forward to this festival. Mr. Kato, Ms. Minami, Mr. Nishiyama, and Ms. Kitagawa are officers of the Sakuramachi neighborhood association. Mr. Kato is the chairperson of the association. The four of them are discussing this year's summer festival.

About the schedule
Kato: Well then, let's begin this meeting on the summer festival. First, about the schedule: when would be a good time [to have the festival]? The festival was on the first Sunday of July last year and also the year before, so should it be on the first Sunday this year as well?

Minami: Both last year and the year before it rained on the day of the summer festival, didn't it. The early-summer rainy season is not yet over during the first week of July, so it might still rain then. I think that a little later would be better.

Nishiyama: Yes, I think so too. How about the third Sunday of July? I think that would be very good, since the next day is Marine Day, a holiday.

Kato: That sounds good. Let's go with the third Sunday, then.

About the main event
Kato: Well then, on to the next topic. What shall we have for this year's main event? Last year we had Japanese drums, didn't we? Shall we have the same event this year?

Nishiyama: Well, as it happens, I tried calling the Japanese drum troupe yesterday, but they told me that they were busy this year and couldn't come on any weekend during July.

Kato: Is that so? That's no good, then. Does someone have any good ideas?

Kitagawa: How about a magic show? I heard that there is a magic club at Sakura University nearby and that they perform shows for all sorts of events.

Kato: That sounds good. Well then, Ms. Kitagawa, please call the magic club and ask whether they can come on the third Sunday.

Kitagawa: Yes, will do.

About festival booths
Kato: Should the festival booths be for shaved ice, cotton candy, and popcorn this year, the same as in past years?

Minami: Yes. Those three would be good, I think, since they are popular with the children.

Kato: Well then, Ms. Minami, please order the ingredients to be used at the festival booths by next week.

Minami: Yes, will do.

Nishiyama: Excuse me. About the popcorn, last year the machine was out of order and didn't work properly. It's getting old, so I would like to buy a new machine sometime soon, if possible . . .

Kato: Is that so? But we really don't have the budget to buy a new machine. The association of the neighborhood next to ours also has a popcorn machine, so shall I ask whether we can borrow it?

Nishiyama: Please.

Kato: Well then, Mr. Nishiyama, please gather about twenty volunteers for the summer festival by next week.

Nishiyama: Yes, will do.

Kato: Then that'll be all.

Listening Challenge

❶ 1）土曜日の　午後　とどきます。
<ruby>土曜日<rt>どようび</rt></ruby>の　<ruby>午後<rt>ごご</rt></ruby>

  2）はい、かりられます。

  3）なつまつりの　日の　朝　7時に　とどきます。

  4）ちゃんと　うごくか　どうか　つかってみます。

❷ 1）はい、あつめられました。

  2）なつまつりの　日の　朝　9時に　来ます。
<ruby>朝<rt>あさ</rt></ruby>　9<ruby>時<rt>じ</rt></ruby>に　<ruby>来<rt>き</rt></ruby>

  3）仕事について　せつめいします。
<ruby>仕事<rt>しごと</rt></ruby>

  4）おべんとうと　飲みものを　わたします。
<ruby>飲<rt>の</rt></ruby>

❸ 1）3時半からです。
<ruby>時半<rt>じはん</rt></ruby>

  2）2時半に　始めます。
2<ruby>時半<rt>じはん</rt></ruby>に　<ruby>始<rt>はじ</rt></ruby>

  3）2時半に　行きます。／2時半に　なったら　行きます。
2<ruby>時半<rt>じはん</rt></ruby>に　<ruby>行<rt>い</rt></ruby>

  4）かいじょうの　電気を　けします。
<ruby>電気<rt>でんき</rt></ruby>

LESSON 13

Practice 1

〜てくる

1）たいじゅうが　ふえてきた

2）たいじゅうが　へってきた

3）しゅうにゅうが　ふえてきた

4）読める　かんじが　ふえてきた
<ruby>読<rt>よ</rt></ruby>

5）目が　わるく　なってきた
<ruby>目<rt>め</rt></ruby>

6）人気が　出てきた
<ruby>人気<rt>にんき</rt></ruby>が　<ruby>出<rt>で</rt></ruby>

〜たら

1）例）
<ruby>例<rt>れい</rt></ruby>
来た　みちを　もどります。来た　みちが　わからなかったら、山の　上に　むかって　あるきます。
<ruby>来<rt>き</rt></ruby>た　　<ruby>来<rt>き</rt></ruby>た　　<ruby>山<rt>やま</rt></ruby>の　<ruby>上<rt>うえ</rt></ruby>

2）例）
<ruby>例<rt>れい</rt></ruby>
まず　山を　あるいて　おりられるか　どうか　かんがえます。あるいて　おりられないと　思ったら、きゅうじょたいを　よびます。
<ruby>山<rt>やま</rt></ruby>　　<ruby>思<rt>おも</rt></ruby>

3）例）
<ruby>例<rt>れい</rt></ruby>
高い　木から　はなれて、かみなりが　やむまで、あんぜんな　ばしょで　まちます。
<ruby>高<rt>たか</rt></ruby>い　<ruby>木<rt>き</rt></ruby>

4）例）
<ruby>例<rt>れい</rt></ruby>
くまの　目を　見て　少しずつ　しずかに　はなれます。
<ruby>目<rt>め</rt></ruby>を　<ruby>見<rt>み</rt></ruby>て　<ruby>少<rt>すこ</rt></ruby>し

TRANSLATION

Although mountain climbing is a sport that anyone can enjoy, recently there has been an increase in accidents. The following text gives information that you will need to know while mountain climbing.

1) If you get lost

If you get lost in the mountains, go back the way that you came. If you cannot find the way that you came, then walk toward the top of the mountain. Do not walk toward the foot of the mountain.

2) If you are injured

If you are injured while in the mountains, the first thing you should do is judge whether you will be able to get down the mountain on foot. If you do not think that you will be able to get down the mountain on foot, then call a rescue unit.

3) If you hear thunder

Thunder is dangerous in the mountains. Thunder tends to strike places that are higher up. If you hear thunder, move away from tall trees. Wait in a safe place until the thunder stops.

4) If you encounter a bear

In Japan there are wild bears. If you encounter a bear while walking in the mountains, you should look the bear in the eye and slowly and quietly move away. It is dangerous to show your back to a bear.

Practice 2

TRANSLATION

The yearly amount of rice consumed by Japanese is gradually decreasing. Consumed in 2000 was approximately half that in 1960. By contrast, the amount of milk and meat consumed is increasing. For both foods, consumption in 2000 was approximately four times that in 1960. Households that cook rice and make miso soup every morning have become fewer and fewer. And recently the number of people who do not eat breakfast has increased.

Listening Challenge

1) T   2) F   3) F   4) F

LESSON 14

Practice

〜たら　〜ました

1）読んでいたら／見ていたら、電話をしたら
2）かんだら
3）あるいていたら、見ていたら、はいてみたら、見たら

〜てしまう

TRANSLATIONS

1) Mr. Suzuki's mistake

The other day I mistook a police car for a taxi and ended up making it stop.

I had left a place after drinking late into the night with some friends when a car came running toward me. It had something attached to its roof, so, thinking it was a taxi, I signaled for it to stop. It turned out to be a police car. I was really surprised when a police officer got out of the car and came toward me.

2) Ms. Martin's mistake

The other day I took the wrong train and ended up being an hour late for an appointment with a friend.

When I got to the platform at the station there was a train already there, so I got on it in a hurry only to find it was a train going in the opposite direction. It was an express, so it didn't stop for twenty minutes until it got to the next station. I couldn't contact my friend because I didn't have a cell phone. When I arrived at our meeting place, my friend was really mad at me.

3) Mr. Kato's mistake

The other day when I went to Hokkaido, I ended up leaving behind my souvenirs in the lobby of the airport in Sapporo.

At the airport they were selling a lot of foods from Hokkaido, and so I bought some crab, thinking to eat it that night. Because I had a lot of bags with me, I didn't notice when I boarded the plane that I had forgotten the crab. It really was too bad.

～ば

1) はしれば
2) のぼれば
3) おぼえれば
4) つづければ
5) 読めれば
　　よ

Listening Challenge

❶ 1) 男の　人です。
　　おとこ　　ひと
2) コンビニで　売っています。
　　　　　　　う
3) 女の　人です。
　おんな　ひと

❷ 1) インターネットで　見つけました。
　　　　　　　　　　み
2) のぞみデパートの　8かいに　あります。
3) 1時すぎに　行けば、すいています。
　　じ　　　　い

LESSON 15

Practice

～と

TRANSLATIONS

What do you do when your are tired?

1) This is Sasaki. When I am tired, I listen to classical music. On days that I have been busy at work, I take a leisurely bath and after that listen to a CD of Brahms. Once I listen to music that I like, I feel better. And I become more energized.

2) This is [Marie] Martin. When I am tired, I take a drink of some good wine. I invite friends over and open a bottle of good wine that I brought over from France. I like drinking wine with friends. Once I enjoy a drink of good wine, my fatigue goes away.

3) This is Mills. When I am tired, I go swimming at a fitness club. Once I get into the water, I feel my body become light. First I walk in the water. I make two round-trips along the length of the 25-meter pool. Next I swim slowly for 800 meters. I end up getting tired if I swim for more than 1,000 meters, so I stop after swimming about 800 meters. Finally, I walk again [in the water] for about 100 meters. After getting out of the pool, I go into the sauna. Once I drink some beer after that, my fatigue goes away completely.

～なければ　なりません

1) 2. クリスマスカードの　おくり先を　かくにんしなければ　なりません。
3. 部長に　そうだんして　大阪しゅっちょうの　日を　きめなければ　なりませ
　ぶ ちょう　　　　　　　　おおさか　　　　　　ひ
　ん。
4. あしたの　はんばい会議の　しりょうを　作らなければ　なりません。
　　　　　　　　　かい ぎ　　　　　　　　つく

5. 新しょうひんの　パンフレットの　げんこうを　ほんやくしなければ　なりません。
   しん

2) クリスマスカードの　おくり先を　かくにんします。
   さき

Listening Challenge

1) クリスマスカードの　おくり先の　リストです。

2) 今年の　新しい　とりひき先の　リストです。
   ことし　　あたら　　　　　　　さき

3) ふえました。

4) 新しょうひんの　ＣＭソングが　聞けます。
   しん　　　　　　　　　　　　　き

CD SCRIPTS & TRANSLATIONS

❶ すずきさんは まいにち ジムに いきます。かとうさんは まいしゅう どようびに ジムに いきます。

Mr. Suzuki goes to the gym every day. Mr. Kato goes to the gym every Saturday.

❷ すずきさんと ミルズさんは きのう パーティーに いきました。パーティーで すずきさんは ビールを 4ほん のみました。ミルズさんは ビールを 2ほん のみました。

Mr. Suzuki and Mr. Mills went to a party yesterday. At the party Mr. Suzuki drank four bottles of beer. Mr. Mills drank two bottles of beer.

❸ すずきさんと なかむらさんは せんげつ あたらしい くるまを かいました。すずきさんは 120まんえんの くるまを かいました。なかむらさんは 80まんえんの くるまを かいました。

Mr. Suzuki and Ms. Nakamura each bought a new car last month. Mr. Suzuki bought a car that cost ¥1.2 million. Ms. Nakamura bought a car that cost ¥800,000.

❹ なかむら：ミルズさんは にほんの たべものの なかで なにが いちばん すきですか。
ミルズ： そうですね。すきやきが いちばん すきです。
なかむら：よく すきやきを たべますか。
ミルズ： いいえ、あまり たべません。おいしい すきやきは たかいですから。

Nakamura: Mr. Mills, which Japanese food do you like best?
Mills: Let me see. I like sukiyaki best.
Nakamura: Do you eat sukiyaki often?
Mills: No, I don't eat it very much, because good sukiyaki is expensive.

❺ なかむら：ミルズさん、しゅうまつに どこか いきますか。
ミルズ： ええ、かとうさんと はこねに いって、ゴルフを します。
なかむら：いいですね。ミルズさんは ゴルフが じょうずですか。
ミルズ： いいえ、あまり じょうずではありません。かとうさんの ほうが じょうずです。

Nakamura: Mr. Mills, are you going anywhere this weekend?
Mills: Yes, I'm going to go to Hakone and play golf with Mr. Kato.
Nakamura: That sounds nice. Are you good at golf?
Mills: No, I'm not very good. Mr. Kato is better.

❶ なかむら：ちかくに　ピザの　みせが　ありますか。

　　すずき：　ええ、ふたつ　あります。ローマと　ナポリです。ローマの　ピザは　とて
　　　　　　　も　おいしいです。でも、いつも　こんでいますから、じかんが　かかりま
　　　　　　　す。ナポリは　あまり　こんでいませんから、じかんが　かかりません。ピ
　　　　　　　ザは　ローマの　ほうが　おいしいです。

　　なかむら：ローマは　ナポリより　たかいですか。

　　すずき：　いいえ、どちらも　あまり　たかくないです。

　　なかむら：じゃ、わたしは　おいしい　ピザの　ほうが　いいです。

　　すずき：　わたしもです。

　　なかむら：じゃ、ローマに　しましょう。

Nakamura: Is there a pizza joint nearby?
Suzuki:　　Yes, there are two: Roma and Napoli. Roma's pizza is very good. But because it is always crowded, it takes time [to get the pizzas]. Napoli isn't very crowded, so it doesn't take time. The pizza is better at Roma.
Nakamura: Is Roma more expensive than Napoli?
Suzuki:　　No, neither is very expensive.
Nakamura: Then I would prefer to have the good pizza.
Suzuki:　　Me too.
Nakamura: Then let's go with Roma.

❷ きのう　あねの　あたらしい　マンションに　いきました。とても　いい　マンション
でした。わたしの　マンションより　ひろいです。ちかくに　こうえんが　あります。
とても　しずかです。わたしの　マンションは　あねの　マンションより　えきから
ちかいです。べんりですが、しずかでは　ありません。

Yesterday I went to my older sister's new apartment. It is [lit., "was"] a very good apartment. It is more spacious than mine. There is a park nearby. It is very quiet. My apartment is closer to the station than my sister's apartment is. It is convenient but not quiet.

❶　１）Ａ：なにを　わすれましたか。
　　　　Ｂ：さいふです。クレジットカードと　げんきんが　はいっています。

　　　　A: What did you leave behind?
　　　　B: A wallet. It has credit cards and some cash in it.

　　２）Ａ：なにを　わすれましたか。
　　　　Ｂ：かみぶくろです。なかに　パンと　ワインが　はいっています。

　　　　A: What did you leave behind?
　　　　B: A paper bag. It has some bread and wine in it.

　　３）Ａ：なにを　わすれましたか。
　　　　Ｂ：かぎです。キーホルダーに　かぎが　みっつ　ついています。

　　　　A: What did you leave behind?
　　　　B: My keys. They are on a key holder with three keys attached to it.

4）A：なにを　わすれましたか。
　　B：コートです。うすい　ナイロンの　コートで、ポケットが　ふたつ　ついてい
　　　ます。

A: What did you leave behind?
B: A coat. It is a thin nylon coat with two pockets.

❷ 1）a. おとこの　ひとは　コートを　きています。
　　　b. おとこの　ひとは　パソコンで　しごとを　しています。
　　　c. おとこの　ひとは　でんしゃの　なかで　たっています。

a. The man is wearing a coat.
b. The man is working on a computer.
c. The man is standing inside a train.

2）a. おとこの　ひとは　ネクタイを　しています。
　　b. おんなの　ひとは　Tシャツを　きています。
　　c. おとこの　ひとは　たっています。おんなの　ひとは　すわっています。

a. The man is wearing a tie.
b. The woman is wearing a T-shirt.
c. The man is standing, and the woman is sitting.

3）a. おんなの　ひとは　でんわを　しています。
　　b. キャビネットの　なかに　しょるいが　はいっています。
　　c. おんなの　ひとは　キャビネットの　なかを　みています。

a. The woman is talking on a telephone.
b. Inside the cabinet there are documents.
c. The woman is looking inside the cabinet.

4）a. おとこの　ひとは　ひげが　ながいです。
　　b. ふくろの　なかに　プレゼントが　たくさん　はいっています。
　　c. おとこの　ひとは　ぼうしを　かぶっています。

a. The man has a long beard.
b. Inside the bag there are many presents.
c. The man is wearing a hat.

LESSON 4

❶ ミルズ：よく　この　カフェに　来るんですか。
中村（なかむら）：ええ。毎朝（まいあさ）　しごとの　前（まえ）に　よります。
ミルズ：かいしゃの　コーヒーは　のまないんですか。
中村（なかむら）：ええ。この　カフェの　コーヒーの　ほうが　おいしいんです。

Mills:　　　Do you come to this café often?
Nakamura: Yes. I stop here every morning before work.
Mills:　　　Don't you drink the coffee at the office?
Nakamura: No [lit., "Yes"]. The coffee at this café tastes better, you see.

145

❷ 中村：　チャンさんは　何か　ならっていますか。
なかむら

チャン：週に　1回　わだいこを　ならっています。
しゅう　いっかい

中村：　わだいこですか。いいですね。どこで　ならっているんですか。
なかむら

チャン：うちの　ちかくの　コミュニティーセンターです。こんど　みに　来ませんか。
き

中村：　ええ、ぜひ。
なかむら

Nakamura: Ms. Chan, do you take lessons in anything?
Chan:　　 Once a week I take Japanese drum lessons.
Nakamura: Japanese drums. That sounds nice. Where do you take the lessons?
Chan:　　 At a community center near my house. Won't you come to watch us sometime?
Nakamura: Yes, I'd love to.

❸ 中村：　あ、ミルズさん、こんにちは。
なかむら

ミルズ：あ、中村さん、こんにちは。
なかむら

中村：　かいものですか。
なかむら

ミルズ：ええ。今日は　バーベキューを　するんです。
きょう

中村：　そうですか。よく　バーベキューを　するんですか。
なかむら

ミルズ：ええ、なつは　毎週　します。
まいしゅう

Nakamura: Oh, hello, Mr. Mills.
Mills:　　 Oh, hello, Ms. Nakamura.
Nakamura: Have you been shopping?
Mills:　　 Yes. Today I'm going to have a barbecue.
Nakamura: Is that so? Do you barbecue often?
Mills:　　 Yes, every week during the summer.

LESSON 5

❶ 佐々木：きのうは　いい　てんきでしたね。
さ さ き

ミルズ：ええ。ともだちと　うみに　行って　バーベキューを　したんですが、たのし
い
かったですよ。

佐々木：いいですねえ。どこの　うみに　行ったんですか。
さ さ き　　　　　　　　　　　　　　　　　　　　　い

ミルズ：鎌倉です。佐々木さんは　鎌倉に　行った　ことが　ありますか。
かまくら　　さ さ き　　　　　かまくら　い

佐々木：ええ。りょうしんが　鎌倉に　すんでいるんです。
さ さ き　　　　　　　　　　　かまくら

ミルズ：そうですか。いい　ところですね。

Sasaki: It was lovely weather yesterday, wasn't it?
Mills:　Yes. I went to the beach [lit., "the ocean"] with some friends to have a barbecue and had a great time.
Sasaki: That sounds nice. Which beach did you go to?
Mills:　Kamakura. Have you ever been to Kamakura, Ms. Sasaki?
Sasaki: Yes. My parents live in Kamakura.
Mills:　Is that so? It's a nice place, isn't it?

❷ 鈴木：　ああ、あしが　いたい。
すず き

ミルズ：何か　スポーツを　したんですか。
なに

鈴木：　いいえ。きのうの　夜　六本木から　うちまで　あるいて　帰ったんです。
すず き　　　　　　　よる　ろっぽん ぎ　　　　　　　　　　　　　　かえ

ミルズ：どうして　タクシーに　のらなかったんですか。

鈴木：　お金が　なかったんです。
すず き　　かね

Suzuki: Oh, my legs hurt.
Mills:　Did you do some sports or something?
Suzuki: No. Last night I walked all the way home from Roppongi.
Mills:　Why didn't you take a taxi?
Suzuki: I had no money.

❸ 加藤：　ミルズさん、いい　コーヒーカップですね。
　　ミルズ：これは　私が　つくったんです。
　　加藤：　ええっ、ほんとうですか。いつ　とうげいを　はじめたんですか。
　　ミルズ：きのう　はじめて　ならったんですよ。新宿の　デパートで　とうげいきょう
　　　　　　しつが　あったんです。加藤さんは　とうげいを　した　ことが　ありますか。
　　加藤：　いいえ、ありません。ならってみたいんですが、時間が　ないんです。

Kato: That's a nice coffee cup you have there, Mr. Mills.
Mills: I made it myself.
Kato: What, really? When did you take up pottery?
Mills: Yesterday I learned how to do it for the first time. There was a pottery class in a department store in Shinjuku. Have you ever tried doing pottery, Mr. Kato?
Kato: No, I haven't. I would like to learn, but I don't have the time.

LESSON 6

❶ 中村：　ミルズさん、どうしたんですか。
　　ミルズ：せなかと　こしが　いたいんです。ここの　つくえや　いすは　カナダのより
　　　　　　ひくくて　小さいんです。
　　中村：　ああ、それは　よくないですね。ミルズさんは　せが　高いですから、もっと
　　　　　　高い　つくえを　つかった　ほうが　いいですよ。ぶちょうに　いいましたか。
　　ミルズ：いいえ、まだ　いっていないんです。
　　中村：　ぶちょうに　いって、あたらしい　つくえを　買った　ほうが　いいですよ。
　　ミルズ：そうですね。そうします。

Nakamura: What's wrong, Mr. Mills?
Mills:　　My back and lower back hurt. My desk and chair here are lower and smaller than the ones in Canada.
Nakamura: Oh, that's not good now, is it. You are tall, Mr. Mills, so you should use a higher desk. Did you tell the department manager?
Mills:　　No, I haven't said anything yet.
Nakamura: You should tell the department manager and [arrange to] buy a new desk.
Mills:　　You're right. I'll do that.

❷ 鈴木：　ミルズさんは　しゅうまつは　何を　していますか。
　　ミルズ：スポーツですね。土曜日も　日曜日も　午前中は　ジムに　行きます。鈴木
　　　　　　さんは？
　　鈴木：　私は　よく　パソコンの　前に　すわっていますね。
　　ミルズ：パソコンで　何を　しているんですか。
　　鈴木：　ゲームですよ。ゲーム。1日に　10時間ぐらい　しています。
　　ミルズ：ゲーム？　10時間ですか。それは　よくないですよ。休みの　日は　うんど
　　　　　　うを　した　ほうが　いいですよ。へいじつは　仕事で　一日中　すわって
　　　　　　いますから。
　　鈴木：　でも、すきなんですよ。

Suzuki: What do you usually do on the weekends, Mr. Mills?

Mills: Sports. Both Saturdays and Sundays in the morning I go to the gym. What about you, Mr. Suzuki?

Suzuki: I find I'm usually sitting in front of my computer.

Mills: What do you do on your computer?

Suzuki: Games, you know, games. I play about ten hours a day.

Mills: Games? For ten hours? That's not good for you, you know. You should exercise on your days off. You're sitting all day at work on weekdays as it is.

Suzuki: But I like playing games.

LESSON 7

❶ 1）げんかん　　　　　　　　foyer, entrance hall

2）スリッパ　　　　　　　　slippers

3）わしつ　　　　　　　　　Japanese-style room

4）たたみ　　　　　　　　　tatami mat

5）トイレ　　　　　　　　　toilet

6）トイレ用の　スリッパ　　bathroom slippers

❷ 加藤：　　どうぞ　入ってください。ここは　げんかんです。ここで　くつを　ぬいでください。

スティーブ：はい。あ、これは？

加藤：　　それは　スリッパですよ。うちの　中で　はきます。はい、これが　スティーブのです。いつも　これを　つかってください。

スティーブ：ありがとうございます。

加藤：　　スリッパは　わしつに　入る　前に　ぬいでくださいね。

スティーブ：はい。たたみの　へやに　入る　前に　ぬぐんですね。

加藤：　　はい、そうです。トイレには　トイレ用の　スリッパが　あります。

スティーブ：トイレ用の　スリッパ？　いろいろな　スリッパが　あるんですね。

加藤：　　あ、スリッパで　テラスに　でないでくださいね。

スティーブ：はい、わかりました。

Mrs. Kato: Please, do come in. This is the foyer. Please take off your shoes here.

Steve: All right. Oh, what are these?

Mrs. Kato: Those are slippers. You wear them inside the house. Here you go, these are yours. Please make a habit of using them.

Steve: Thank you.

Mrs. Kato: Mind you take off your slippers before you go into the Japanese-style room.

Steve: Okay. You're supposed to take them off before going into a room with tatami mats, is that right?

Mrs. Kato: Yes, that's right. For the toilet, there are bathroom slippers [that you should only use there].

Steve: Bathroom slippers? There are all kinds of slippers, aren't there.

Mrs. Kato: Oh, mind you don't go out on the terrace with your slippers on.

Steve: Okay, got it.

LESSON 8

❶ 加藤：中村さん、あたたかく　なりましたね。

中村：そうですね。さくらは　まだでしょうか。

加藤：もうすぐだと　おもいますよ。はなみが　たのしみですね。
中村：加藤さんは　いつも　どこで　はなみを　するんですか。
加藤：きょねんまでは　うちで　していたんです。となりの　にわに　大きい
　　　さくらの　木が　あったんですが、今年は　ないんですよ。ちゅうしゃじょうに
　　　なったんです。
中村：それは　ざんねんですね。

Kato:　　　It's become warm, hasn't it, Ms. Nakamura?
Nakamura: Yes, it has. Do you suppose the cherry blossoms are in bloom already?
Kato:　　　I think they are just about to bloom. It's going to be great to go cherry-blossom viewing, don't you think?
Nakamura: Where do you always view cherry blossoms, Mr. Kato?
Kato:　　　I used to view them at home, up until last year. There was a big cherry tree in the garden next door, but it's not there this year. The place has become a parking lot.
Nakamura: That's too bad.

❷ 中村：加藤さん、あつく　なりましたね。
加藤：そうですね。中村さんは　なつやすみに　どこか　行くんですか。
中村：ええ、富士山の　ちかくに　キャンプに　行きます。
加藤：それは　いいですね。
中村：さいきんの　キャンプは　便利に　なりましたね。はるにも　ちかくの　かわに
　　　くるまで　キャンプに　行ったんですが、ちゅうしゃじょうの　ちかくに　コン
　　　ビニが　あったんです。
加藤：ははは。便利ですが、ちょっと　つまらないですね。

Nakamura: It's become hot, hasn't it, Mr. Kato?
Kato:　　　Yes, it has. Are you going anywhere for summer vacation, Ms. Nakamura?
Nakamura: Yes, I'm going camping near Mt. Fuji.
Kato:　　　That sounds nice.
Nakamura: Camping areas have become very well-equipped recently, don't you think? I drove to a nearby river and went camping in the spring, too, and right there near the parking lot was a convenience store.
Kato:　　　Ha-ha. It sounds convenient and all, but a little unexciting, I should think.

❸ 加藤：中村さん、やっと　すずしく　なりましたね。
中村：ええ。今年の　なつは　とても　あつかったですね。加藤さん、ごりょこうですか。
加藤：ええ。これから　うみに　行くんです。
中村：へえ。今ごろ　行くんですか。
加藤：ええ。人や　くるまが　すくなく　なりましたから。
中村：私は　うみは　あついとき　行きたいです。およいで、はなびを　見て、つめた
　　　い　ビールを　飲みたいです。
加藤：それも　いいですが、私は　しずかな　うみの　ほうが　すきです。

Kato:　　　It's finally become cool, hasn't it, Ms. Nakamura?
Nakamura: Yes. It was very hot this summer, wasn't it? Are you going on a trip someplace, Mr. Kato?
Kato:　　　Yes. Right now I'm on my way to the beach. [lit., "the ocean"]
Nakamura: Oh? You're going at this time of year?
Kato:　　　Yes. Because the number of people and cars have gone down.
Nakamura: I would rather go to the beach when it's hot. You know, go swimming, watch fireworks, drink cold beer . . .
Kato:　　　That sounds good, too, but I prefer quiet beaches.

149

❹ 中村：加藤さん、さむく なりましたね。
　　加藤：ええ。もうすぐ しょうがつですね。
　　中村：そうですね。1年は はやいですね。
　　加藤：中村さんは しょうがつの 休みは どこか 行くんですか。
　　中村：スキーに 行きたいんですが、まだ きめていません。加藤さんは？
　　加藤：私は どこも 行きません。1月から 仕事が いそがしく なりますから、う
　　　　　ちで のんびりします。

Nakamura: It's become cold, hasn't it, Mr. Kato?
Kato:　　　Yes. It's almost New Year's.
Nakamura: So it is. A year passes so quickly, don't you think?
Kato:　　　Are you going anywhere during the New Year holidays, Ms. Nakamura?
Nakamura: I want to go skiing, but I haven't decided anything yet. What about you, Mr. Kato?
Kato:　　　I'm not going anywhere. Work is going to get busy starting in January, so I'll relax at home.

LESSON 9

きものを きているのは 私です。
ぼうしを かぶっているのは 田中さんです。
グラスを もっているのは 木村さんです。
スカーフを しているのは クラスで いちばん 人気が あった 安部さんです。
ネクタイを しているのは 大川さんです。
まん中の いすに すわっているのは 山田先生です。
くろい シャツを きているのは 中川さんです。
中川さんの 後ろに たっているのは クラスで いちばん おとなしかった 林さんです。

I'm the one wearing a kimono.
The one wearing a hat is Mr. Tanaka.
The one holding a glass is Ms. Kimura.
The one wearing a scarf is Ms. Abe, who was the most popular in the class.
The one wearing a tie is Mr. Okawa.
The one in the middle sitting in a chair is Mr. Yamada, the teacher.
The one in the black shirt is Mr. Nakagawa.
The one standing behind Mr. Nakagawa is Ms. Hayashi, who was the most mild-mannered in the class.

LESSON 10

鈴木：マリーさんの かんげい会は いつが いいでしょうか。
中村：今週の 金曜日は どうですか。
鈴木：今週の 金曜日は マリーさんは 名古屋に しゅっちょうです。
中村：じゃ、来週の 金曜日は どうですか。
鈴木：来週の 金曜日は しゅくじつなので、会社は 休みです。
中村：それじゃ、来週の 木曜日は？
鈴木：そうですね。来週の 木曜日に しましょうか。
中村：もう お店は きめたんですか。

鈴木：ええ。えきの　前に　あたらしく　できた　イタリアンレストランが　いいと　思うんですが。

中村：あ、ミラノですね。いいですね。でも、あの　お店は　いつも　とても　こんでいますから、はやく　よやくした　ほうが　いいですよ。

鈴木：じゃ、今　でんわして　きいてみます。

…………

鈴木：あ、ミラノですか。来週の　木曜日の　夜、よやくしたいんですが。
　　　ええと、7時から　6人です。鈴木です。でんわばんごうは　０９０－１２３４－
　　　５６××です。

…………

鈴木：来週の　木曜日、7時から　6人で　よやくしました。

中村：ありがとう。じゃ、みなさんに　しらせてください。

Suzuki:　　When should we have Marie's welcome party?

Nakamura:　How about this Friday?

Suzuki:　　This Friday Marie will be on a business trip to Nagoya.

Nakamura:　How about next Friday then?

Suzuki:　　Next Friday is a holiday, so the office will be closed.

Nakamura:　Well then, how about next Thursday?

Suzuki:　　Yes, shall we make it next Thursday?

Nakamura:　Have you already decided on a restaurant?

Suzuki:　　Yes. I think the Italian restaurant that recently opened in front of the station would be good.

Nakamura:　Oh, you mean Milano. That sounds good. But that restaurant is always very crowded, so you should make reservations soon.

Suzuki:　　I'll try calling to ask now, then.

…………

Suzuki:　　Oh, is this Milano? I would like to make a reservation for next Thursday night . . . Um, for six people, from seven. My name is Suzuki. My phone number is 090-1234-56XX.

…………

Suzuki:　　I made reservations for next Thursday, for six people from seven o'clock.

Nakamura:　Thank you. Well, please let everyone know, then.

LESSON 11

❶ 1）私たち　ふうふは　二人とも　はたらいています。二人とも　とても　いそがしくて　毎日　帰る　時間が　おそいんです。たくはいびんが　とどいた　とき、うけとれなくて　いつも　こまっています。休みの　日には　うんどうを　したいので、ジムや　プールの　ついている　ところが　いいです。

Both of us work. We are both very busy and get home late every day. We are always troubled because we can't receive packages whenever they come in. We would like someplace that is equipped with a gym and swimming pool, since we want to exercise on our days off.

2）私たちは　子どもが　3人　いるので、ちかくに　小学校が　ある　ところが　いいです。子どもは　大きい　いぬを　かいたいと　言っています。週末は　友だちを　よんで　バーベキューを　したいので、ひろい　にわが　ある　いえが　いいです。いつも　買いものを　たくさん　するので、くるまは　うちの　前に　とめたいです。

Since we have three children, we would like someplace that has an elementary school nearby. The children say they want to get a big dog. We would like a house with a large yard, since on weekends we want to invite our friends over and have barbecues. Because we always do a lot of shopping, we would like to be able to park our car in front of the house.

3) 私は 去年 たいしょくしたので、つまと こうがいの しずかな ところに す みたいと 思っています。じしんの とき こわいので、マンションの 高い か いには すみたくないです。つまの しゅみは ガーデニングです。私の しゅみ は ゴルフなので、れんしゅうできる にわが ほしいです。それから、毎朝 ゆっ くり さんぽを したいので、みどりが 多い ところが いいです。

I retired last year and so am hoping to live with my wife in a quiet place in the suburbs. I certainly wouldn't want to live on the upper floors of a high-rise apartment building, since it would be scary during an earthquake. My wife's hobby is gardening. My own hobby is golf, so I would like to have a yard where I can practice golf at home. In addition, I would like someplace surrounded by lots of greenery, since I want [to be able] to take leisurely walks every morning.

LESSON 12

❶ 加藤：みなさん、なつまつりまで あと 1週間ですね。南さん、もぎ店の じゅん びは どうですか。

南：はい、もぎ店で つかう ざいりょうは ぜんぶ ちゅうもんしました。土曜日 の 午後 とどく 予定です。

加藤：そうですか。では、とどいたら、私に しらせてください。それから ポップコー ンの きかいですが、となりの まちから かりられるので、しんぱいしないで ください。なつまつりの 日の 朝 7時に とどくので、とどいたら ちゃん と うごくか どうか つかってみてください。

南：はい、わかりました。

Kato: So, everyone, it's now one week to the summer festival. Ms. Minami, how are preparations going for the festival booths?

Minami: Yes, I ordered all the ingredients to be used at the festival booths. They are scheduled to be delivered Saturday afternoon.

Kato: Is that so? Please let me know, then, once they arrive. And about the machine for the popcorn, we will be able to borrow one from the neighboring town, so please don't worry. It will be delivered on the morning of the summer festival at seven, so once it comes, please try using it to see whether it works properly.

Minami: Yes, will do.

❷ 加藤：西山さん、ボランティアは あつめられましたか。

西山：はい、だいじょうぶです。なつまつりの 日の 朝 9時に 来ます。

加藤：そうですか。わかりました。じゃ、ボランティアの 人たちが 来たら、仕事に ついて せつめいしてください。それから、仕事が 終わったら、ボランティア の 人たちに おべんとうと 飲みものを わたしてください。

西山：はい、わかりました。

Kato: Mr. Nishiyama, have you been able to gather the volunteers?

Nishiyama: Yes, everything is all set. They will come on the morning of the summer festival at nine.

Kato: Is that so? I see. Well then, when the volunteers come, please explain to them their assignments. Also, once they have finished with their assignments, please hand them their box lunches and drinks.

Nishiyama: Yes, will do.

❸ 加藤：マジックショーは　3時半からですね。1時間前に　じゅんびを　始めるので、
　　　　北川さんは　2時半に　なったら、かいじょうに　行ってください。
　北川：はい、わかりました。
　加藤：マジッククラブの　人が、かいじょうは　くらい　ほうが　いいと　言っていたの
　　　　で、マジックショーが　始まったら、すぐ　電気を　けしてください。
　北川：はい、わかりました。

Kato: The magic show is from three-thirty, isn't it? We will begin preparations one hour beforehand, so, Ms. Kitagawa, please head for the hall once it gets to be two-thirty.
Kitagawa: Yes, will do.
Kato: The people from the magic club told me that it would be better for the hall to be dark, so please turn off the lights right away once the magic show starts.
Kitagawa: Yes, will do.

LESSON 13

マルタン：加藤さん、今　ちょっと　よろしいでしょうか。
加藤：　　はい、何ですか。
マルタン：じつは　日本人の　さいきんの　しょくせいかつについて　しらべているんです
　　　　　が、加藤さんの　うちは　朝食は　ごはんですか、パンですか。
加藤：　　うちは　毎朝　パンと　コーヒーですよ。
マルタン：へえ、パンと　コーヒーなんですか。私が　7年前に　ホームステイを　してい
　　　　　た　とき、朝食は　いつも　ごはんと　みそしるでした。
加藤：　　あ、そうですか。でも　さいきんは　パンと　コーヒーの　朝食を　とる　人
　　　　　が　ふえてきたんですよ。朝は　いそがしい　人が　多いですから。
マルタン：そうですか。日本人の　しょくせいかつも　かわってきたんですね。

Martin: Mr. Kato, do you have just a moment?
Kato: Yes, what is it?
Martin: Actually, I'm doing some research on recent eating habits of Japanese people. In your home does breakfast consist of rice or bread?
Kato: In our home we have bread and coffee every morning.
Martin: Oh, really? Bread and coffee? When I did a homestay seven years ago, breakfast was always rice and miso soup.
Kato: Oh, is that so? Recently, though, more and more people are having breakfasts of bread and coffee. That's because in the morning many people are busy.
Martin: I see. The eating habits of the Japanese have changed then, wouldn't you say?

LESSON 14

❶ 男：たばこを　やめたいんですが、やめられないんです。どうすれば　いいでしょうか。
　女：たばこを　やめたいんですか。じゃ、きんえんガムが　いいですよ。すぐ　やめ
　　　られます。
　男：ほんとうですか。どこで　売っているんですか。
　女：コンビニに　行けば　買えますよ。ＡＢＣフーズの　新しょうひんです。私も
　　　たばこが　やめられなかったんですが、きんえんガムを　かんだら、すぐ　やめ
　　　られました。

男：そうですか。ありがとうございます。今度　買ってみます。
おとこ　　　　　　　　　　　　　　　　　　　こんど　か

man: I want to quit smoking, but can't. What should I do?
woman: You say you want to quit smoking? You should try antismoking gum, then. You'll be able to quit right away.
man: Really? Where is it sold?
woman: You can buy it if you go to a convenience store. It's a new product from ABC Foods. I couldn't quit smoking either, but once I started chewing antismoking gum I was able to quit right away.
man: Is that so? Thank you. I'll try getting some next time [I go to a convenience store].

❷ 男：おいしい　すしを　たくさん　食べたいんですが、安くて　おいしい　すし屋を
おとこ　　　　　　　　　　　　　　た　　　　　　　やす　　　　　　　　　　や
しりません　か。
女：えどずしに　行けば、安くて　おいしい　すしが　食べられますよ。インターネッ
おんな　　　　　　い　　　やす　　　　　　　　　　　た
トで　見つけた　かいてんずしなんですが、行ってみたら、一つ　１００円で、
み　　　　　　　やす　　　　　　　　　　　い　　　　　ひと　　　　　　えん
とても　おいしかったです。
男：ほんとうですか。どこに　あるんですか。
おとこ
女：のぞみデパートの　８かいです。昼と　夜は　こんでいますが、１時すぎに　行
おんな　　　　　　　　　　　　　　ひる　　よる　　　　　　　　　　　じ　　　　い
けば　すいています。
男：じゃ、あした　行ってみます。
おとこ　　　　　　　　い

man: I want to eat plenty of good sushi. Do you know any sushi bars that are inexpensive and delicious?
woman: If you go to Edo-zushi you'll be able to eat cheap, delicious sushi. It's a conveyer-belt sushi restaurant I found on the Internet, and when I went there, it turned out the sushi was ¥100 a plate and extremely delicious.
man: Really? Where is it?
woman: It's on the eighth floor of Nozomi Department Store. It's crowded at noon and in the evenings, but if you go there past one o'clock there won't be a lot of people.
man: I'll try going there tomorrow, then.

LESSON 15

鈴木：ミルズさん、クリスマスカードの　おくり先の　かくにんは　どうすれば　いいで
すずき　　　　　　　　　　　　　　　　　　さき
すか。
ミルズ：ここに　リストが　二つ　あります。この　あつい　ほうの　リストは　クリスマ
スカードの　おくり先の　リストです。うすい　ほうは　今年の　新しい　とりひ
さき　　　　　　　　　　　　　　　ことし　あたら
き先の　リストです。
さき
鈴木：はい。
すずき
ミルズ：私が　きのう　新しい　とりひき先を　おくり先のリストに　にゅうりょくしま
わたし　　　　　あたら　　　　　　さき　　　　　さき
した。まちがいが　ないか　かくにんしてください。
鈴木：わかりました。今年は　とりひき先が　ほんとうに　ふえましたね。
すずき　　　　　　　　ことし　　　　　　さき
ミルズ：ええ。かくにんが　たいへんですが、うれしいですね。
鈴木：ところで、クリスマスカードは　もう　できたんですか。
すずき
ミルズ：ええ。これです。ひらくと　新しょうひんの　ＣＭソングが　聞けるんです。
しん　　　　　　　　　　　　き
♪　♪　♪
鈴木：ははは。これは　いいですね。
すずき

Suzuki: Mr. Mills, how should I go about verifying the addresses for sending the Christmas cards?
Mills: Here are two lists. This bulky list here is a list of the addresses for sending the Christmas cards. The thin one here is a list of this year's new clients.
Suzuki: Yes, got it.

Mills: Yesterday I entered the data for the new clients into the list of addresses for sending. Please check [the list of addresses for sending against the list of new clients] to see whether there are any mistakes.

Suzuki: All right. We really got a lot of clients this year, didn't we?

Mills: Yes, all this checking is a bother, but it's still something to be glad about, isn't it.

Suzuki: By the way, are the Christmas cards ready yet?

Mills: Yes, here's one. When you open it, you can listen to the commercial jingle for our new product.

♪   ♪   ♪

Suzuki: Ha-ha. This is great.

TRANSLATIONS OF READING EXERCISES

Rosa's blog

APRIL 5
Nice to know you

I'm Rosa Hoshino. Last week I came from Canada to Japan for the first time. From now [for a while] I will teach English in Japan. I will be in Japan until March of next year. I want to go to all sorts of places in Japan.

My father is Japanese, but my mother is Canadian. I studied Japanese in college.

Today I put up my own blog. Everyone, please read my blog. And please post comments.

By the way, there are a lot of delicious foods in Japan, aren't there? I like sushi and tempura and sukiyaki. What other good-tasting things are there besides these? Someone please let me know.

Comment 1

Hello, Rosa.
I am Ota, from Osaka. Have you heard of *okonomiyaki*? Osaka-style *okonomiyaki* is the best-tasting in Japan. Please be sure to try and have a taste.

Comment 2

Nice to know you, Rosa. I am Hirota, from Hiroshima. *Okonomiyaki* tastes better Hiroshima-style than Osaka-style. Please be sure to try eating Hiroshima-style *okonomiyaki*, too.

Nice to know you, Ota-san. I am going to Osaka next week. Could you tell me of a good *okonomiyaki* restaurant someplace?

Comment 3

Hirota-san, this is Ota. Osakaya near Osaka Station is good. Please be sure to go and try it out.

Ota-san, Hirota-san, thank you for your comments. I will try eating both Osaka-style *okonomiyaki* and Hiroshima-style *okonomiyaki*. Rosa

Rosa's blog

APRIL 9
Akihabara

Today I went to Akihabara. There were a lot of people on the streets and at the station and in the train. Tokyo really is full of people, isn't it?

In front of the department store there was a storeperson conducting a demonstration sale of a vacuum cleaner. The storeperson's Japanese was very fast. I couldn't understand it at all.

What does *katta! katta!* mean? Someone please tell me.

For lunch I bought two rice balls at a convenience store in Akihabara. The storeperson was a man who was younger than me. He was Japanese, but his hair was blond [i.e., bleached]. On top of that, it was curled round and round.

Comment 1

Hello, Rosa. I am Y from Yokohama. I go to Akihabara often, too.

Demonstration sales are fun, aren't they?
Katta means the same as *kattekudasai*.
Last month I bought a *keitai* at Akihabara.

What is *keitai* in English?

Comment 2

My name is K and I am a high school student. Right now I am working part-time at a convenience store near my house. My hair is blond, too.

Y, thank you for your comment. *Kattekudasai*. I understand very well now. *Keitai* is "cell phone" in English.

K, convenience stores are quite handy, don't you think? There is one near my apartment, too. Rosa

LESSON 3

E-mail message

May 9
My new apartment

How are you, Yoko? I was able to find a good apartment. It is new and clean. There is a big cherry tree standing beside it. The rent is not very expensive. [The building] is near the station and is conveniently located. It is a very safe apartment. My room is on the fifth floor. There is an elevator and an emergency staircase. The elevator is equipped with a security camera.

On the first floor lives the building manager. The manager is cheerful and friendly. She is a little older than my mother. She is very tidy and is always cleaning.

The apartment is located in old town Tokyo. Yesterday on the street I saw a sumo wrestler. He was wearing a *yukata* and geta.

I like this apartment very much. Please come visit me by all means. Would next week be convenient for you? I will be waiting for your reply.

Rosa Hoshino

Reply

May 13
RE: My new apartment

Thank you for your e-mail.
I want to see you too. I would also like to see your new apartment. But unfortunately I don't have the time next week. I'm sorry. Will you be busy next month?

Please also come visit my house in Kamakura. It is old, but it has a big garden and also many rooms. Please come to stay at your leisure. My parents and grandfather are waiting [for you to come] as well.

Yoko

Rosa's blog

A house in Kamakura

Today I went to my friend Yoko's house. Yoko's house is in Kamakura. It took one hour by train to go from Tokyo to Kamakura. Yoko's house was large and had a Japanese-style garden. There were beautiful colored carp swimming inside a large pond.

At Yoko's house I saw a bonsai tree for the first time. It was a pine tree about fifty centimeters tall, and its branches were twisted this way and that. Yoko's grandfather is fond of bonsai and gets up every morning at five to take care of them.

At Yoko's house there is a tearoom. It is a small room of four and a half tatami mats. The room has a small entrance that you enter from the garden. Yoko's mother is a tea-ceremony teacher. [In her tearoom] I drank green tea for the first time. It was a little bitter, but delicious.

Comment 1

My name is Suzanne. I came from Canada to Japan last year. I take tea-ceremony lessons twice a month. Last month I put on a kimono for the first time. My tea-ceremony teacher wears a kimono all the time. She is cheerful and kind. Won't you take tea-ceremony lessons with me, Rosa?

Suzanne, thank you for your comment. Where do you take tea-ceremony lessons? I would like to take lessons, too. Rosa

Rosa's blog

Diving

Yesterday Yoko, Yoko's older brother Kenji, and I went diving in Izu, the three of us. Izu is very scenic and has a lot of diving spots.

Yoko's brother Kenji is an expert diver. He goes diving in places like Hawaii and Australia two or three times a year. He knows a lot about the names of fish as well as about good diving spots. Since last year he has been writing [articles] once every two months for a diving magazine.

A friend of Kenji's runs a diving shop in Izu. We left Kamakura by car in the morning and arrived at this diving shop at around nine. We went to the beach, made our preparations, and went diving for about forty minutes starting from 10:20.

Comment 1

Hello. My name is Suzuki. My friend runs a diving shop in Okinawa. I left Tokyo by plane on the morning of the twentieth and arrived in Okinawa at around ten. I went diving with my friend that afternoon. I actually saw a manta ray. Have you ever been to Okinawa, Rosa?

You saw a manta ray, Suzuki-san? I envy you. Rosa

In the sea

The sea at Izu was a little cold, but beautiful. I swam leisurely through the water. Above my head swam a school of horse mackerel. They were shining in the water.

I also saw some soft coral. Soft coral is a kind of coral that is not hard. They come in all sorts of colors.

Inside a sea anemone I saw a funny-looking fish. It was a fish I had seen in a movie: a clownfish. Its body was gaudily colored and it had a cute face.

I took lots and lots of photographs.

Comment 1

I run a fish store and sushi bar in Izu. Izu has excellent seafood. Please come eat our sushi. Sushimasa

Comment 2

Do you have a pet, Rosa? My pet is a clownfish. I bought it at a pet shop right after I saw [it in] a movie. Its name is Nemo. It has a funny-looking face. I take care of it every day.

Next time on my way back from diving I will go eat sushi at Sushimasa.
I have a small dog at my house in Canada. It has long ears and short legs. My dog's face is funny-looking, too. Rosa

LESSON 6

Rosa's blog

August 24

Mt. Fuji

Last weekend I climbed Mt. Fuji with Yoko and her father. We started climbing from Saturday afternoon and spent the night in a mountain hut on the ninth stage.

At the cottage we met Mr. Sato and Mr. Takagi. They were salarymen. They had come from Hokkaido to climb Mt. Fuji. Mr. Sato was a tall and handsome athletic type. Mr. Takagi was fun to talk to [lit., "was good at talking"] and friendly.

On Sunday morning we got up early and climbed to the summit. I was a little sleepy. And cold. We arrived at the summit a little before five. The sun had not risen yet. A little past five the sun began to rise: *goraiko*. It was very beautiful.

Comment 1

I climbed Mt. Fuji with my family last weekend, too. We climbed slowly and reached the summit at six o'clock sharp. I wish I could have come across you and Yoko.

Comment 2

I went to climb Mt. Fuji yesterday with a friend. We saw *goraiko*, too. It was the first time I had climbed a tall mountain, so I found it rough going. From the ninth stage onwards I took a rest once every ten minutes. I was completely tired out.

LESSON 7

Rosa's blog

August 29

Zen meditation session

Last Saturday there was a Zen meditation session at a Zen temple in Kyoto. Every year, many foreigners go to this session to practice Zen meditation.

I, too, experienced Zen meditation [there] for the first time. I got up early in the morning and went to the temple before eating breakfast. Before the session started, I learned how to practice Zen meditation from the temple priest.

I sat with my back straightened. Then I lay my hands near my stomach. After that I took slow breaths. I emptied my mind [lit., "didn't think about anything"].

After the meditation was over we listened to a talk by the priest. After the talk we ate breakfast with everyone. Then the participants introduced themselves.

Comment 1

Nice to know you. My name is Mori. Right now I am studying Japanese literature at a university in Nagoya. I have liked old temples and statues of Buddha ever since I was a junior high school student. I once even went around visiting temples in India. Since entering college, I have been going to many different temples to practice Zen meditation in my time off. Last week I met someone from the United States at a Zen meditation session in Nagoya. I hope to meet you too someday.

LESSON 8

Rosa's blog

SEPTEMBER 10
A friend from high school

It is September. Five months have passed already since I came to Japan.

When I was in high school, an exchange student came to my class from Japan. Her name was Satsuki. Satsuki was cheerful and fun to be with. We became friends right away. When Satsuki came to our high school, her English was not very good. But by the time she was about to go back to Japan, it was extremely good. I have been exchanging letters and e-mail with her ever since she went back to Japan.

Satsuki lives in Akita. Last year she had a child and became a mother. Yesterday I talked to her on the phone. She told me that she has become very busy every day since her child was born. I am hoping to go to Akita to see Satsuki before I go back to Canada.

Comment 1

I am a female high school student in my second year. I am going to tell you about my best friend Mary. Mary is an exchange student from Canada and came to my high school last year. She is tall and very good at basketball. She says that she would like to get a job in international relations. Since I became friends with Mary, I have come to like [learning] English.

LESSON 9

Rosa's blog

SEPTEMBER 26
Buddhist statues in Nara

Nara, which has a 1,300-year-old history, is a World Heritage Site. Although I am not a Buddhist, I still like to see Buddhist statues. Last week I went to Nara for the first time and visited many different temples.

The first place that I visited was a temple located at the entrance to Nara Park. There I saw a very mysterious-looking statue of Buddha. It was a statue with three faces and six arms.

The next place that I visited was Horyuji. Horyuji is the oldest wood-built temple in the world. There I saw a statue of Buddha that was slim and tall.

The last place that I visited was a temple located next to Horyuji. There I saw a beautiful statue of Buddha. The statue had one finger placed against its cheek and was smiling gently.

Wafting over the old buddhas
In the ancient capital of Nara:
The scent of chrysanthemums. (Matsuo Basho)

Comment 1

I am posting a comment here for the first time. My name is Tanaka and I teach history in high school. The "Kiku no ka ya" haiku is my favorite haiku. A haiku is a very short poem that contains a season word. Matsuo Basho liked to travel and visited many different places in Japan. You like to travel too, don't you, Rosa? Do you like haiku as well?

Comment 2

The statue of Buddha with three faces and six arms is named Asura. The tall statue of Buddha at Horyuji is [called] Kudara Kannon. Both are very famous statues. I like the smiling statue of Buddha with one finger placed against its cheek the best. Which statue did you think was the best? M

Thank you for your comments. I heard that haiku is part of Japanese culture. I would like to become familiar with many different haiku. Rosa

LESSON 10

Rosa's blog

OCTOBER 1

A good Japanese restaurant

A good Japanese restaurant has opened near my place. Because the broiled fish there is very good, I go to eat it two to three times a week.

The restaurant uses good tableware. The owner of the restaurant likes to collect ceramics, and so the place has ceramics from all different regions [throughout Japan]. At the entrance to the restaurant stands an interesting-looking objet d'art of a *tanuki*. The *tanuki* is also made of ceramics. It looks so cute I always tap its head lightly as I go into the restaurant.

The owner participated in a ceramics workshop at the time he went to buy ceramics in Arita, on the island of Kyushu. Since I wanted to try taking part in a ceramics workshop, too, I registered for one through the Internet.

Comment 1

I heard that Japanese-style food is also popular with people from outside Japan because it is good for you. Last month an all-you-can-eat shabu-shabu restaurant opened near my office. Because you can eat good shabu-shabu [there] for a low price, I go with my colleagues once a month.

OCTOBER 15

Ceramics workshop

Over the long holidays I went to Arita and participated in a ceramics workshop. I went to Fukuoka by plane and then rode a JR express train from Hakata to Arita.

Arita is the first town in Japan to have produced porcelain. I walked around the town a little before going to the ceramics workshop. At one Shinto shrine they were selling amulets made of porcelain. I found them so unusual that I bought three. Because all kinds of ceramics are sold in Arita, everyone can find some piece that they like.

At the ceramics workshop I made a Japanese teacup without a handle. I goofed up many times. It didn't come out very well. But I was still very pleased with this teacup that I made myself. The teacup will be fired in a kiln in Arita and delivered to Tokyo in the middle of next month.

Comment 1

My hobby is pottery. I have my own kiln, so on weekends I am always making [lit., "firing"] coffee mugs and vases. Last month my coffee mugs turned out very well, so I went to sell them at a flea market. I was actually able to sell three.

I'm glad for you [that you were able to sell your mugs]. I go to flea markets often, since I can buy anything there at low prices. I bought a pretty vase at the flea market that I went to the day before yesterday. I am looking forward to going there again in the middle of next month. Rosa

Rosa's blog

OCTOBER 20

Colored autumn leaves

It is getting to be the season for the colored leaves in the mountains to be beautiful. I am thinking of going to the Tohoku region during the long holidays in November to see them. The Tohoku region is full of places where the colored leaves are beautiful. I want to go to a hot spring, too, and on top of that I want to enjoy good food, [and I have so many options and desires] that I can't decide where I should go.

NOVEMBER 3

Matsushima

This morning I arrived in Sendai, the largest city in the Tohoku region. I looked around in the city of Sendai during the morning and in the afternoon went to Matsushima. Matsushima is located thirty minutes away by train from Sendai. It is a place with many beautiful islands.

I joined a tour for going around the islands by boat. There really were so many islands, I was surprised. I thought of counting how many islands there were in all, but couldn't keep track. The pines on the islands were very beautiful. It's because the islands have pines growing on them that the place is called Matsushima, isn't it.

NOVEMBER 4

Yamadera and Basho's haiku

Today I went to Yamadera. Yamadera is a temple located on top of a high hill. I boarded a train bound for Yamagata from Sendai Station. It took about fifty minutes to get to Yamadera Station. Just as I heard the announcement, "Next stop: Yamadera," the temple came into view through the train window standing on top of a high hill.

I got off the train at Yamadera Station and walked to the Yamadera temple gate. There were 1,015 steps from the temple gate to the top of the hill. I was worried whether I would be able to climb them all, but I was somehow able to do so.

Along the way stood a statue of Matsuo Basho. Matsuo Basho was a famous Edo-period haiku poet. Yamadera is where Basho composed his famous haiku about cicadas.

So still it is
That the very drone of the cicadas
Seeps into the rocks around. (Matuso Basho)

Comment 1

We are members of the Sendai Haiku Club. Every year during the summer we take a trip together. Both Matsushima and Yamadera are places that Matsuo Basho once visited. Matsushima is nice but so is Yamadera, and we had a hard time deciding between the two, but this year we decided to go to Yamadera. We climbed the 1,015 steps together. We could hear the sounds of the cicadas amid the quiet of the hill. After taking a picture together in front of the statue of Matsuo Basho, we each composed a haiku. We were happy because we were able to come up with such good ones. Sendai Haiku Club

Rosa's blog

NOVEMBER 5

A reunion after five years

Today I visited Satsuki at her home in Akita. When I left Yamagata, I let Satsuki know by e-mail of the time I would arrive in Akita. A reply came from Satsuki that said, "I will pick you up at the station." We were reunited for the first time in five years at Akita Station.

Satsuki lives in a family of eight: Satsuki, her husband, their child, her husband's parents, her husband's grandfather and grandmother, and her husband's younger brother. Her husband's grandfather and grandmother are both very healthy and the family is quite lively.

For dinner we had *kiritampo* hot pot. It had things like *kiritampo*, chicken, and vegetables in it. *Kiritampo* are a specialty of Akita that are made by roasting good-tasting rice. The hot pot was very good. I think I will try making it myself when I get back to Tokyo.

Comment 1

My name is Miki and I am in my third year of junior high school. My mother was born in Akita, so she is good at making *kiritampo* hot pot. Not only is *kiritampo* hot pot delicious, but you can also enjoy it with everyone together [so that there are all kinds of reasons for liking it]. I actually look forward to the weather turning cold, because once it becomes cold I will be able to eat *kiritampo* hot pot.

Comment 2

I am a housewife living in Nagoya. Hot pot with famous Nagoya-raised chicken in it tastes quite good. At our house we eat hot pot about three times a week. Since hot pot is easy to prepare, my husband often makes it too. He may be better than I am at making hot pot with fish.

Dear housewife in Nagoya: I would love to have you teach me how to make hot pot with fish. Miki, I'm looking forward to winter, too. Once winter arrives, I think I would like to try making all kinds of hot pot dishes. Rosa

LESSON 13

Rosa's blog

DECEMBER 28
My aunt from Kobe

It has suddenly started to get cold since last week. Soon it will be the New Year. The year-end and New Year holidays have begun and the number of people and cars in Tokyo has gotten fewer. The trains, too, are not very crowded. The apartment where I live has also quieted down. [Like everyone else who has gone someplace for the holidays,] I, too, am planning to go to my aunt's home in Kobe for New Year's Eve.

My grandfather and grandmother were Japanese and came to Canada when they were young. Although they had a difficult time because they didn't understand the language, they worked very hard and raised two children. My father married my mother, a Canadian, and had me. My father's younger sister met my uncle while she was studying abroad at a university in Kobe, and married him. She has lived in Kobe ever since.

My aunt often came to Canada with my uncle when I was little. Even now I cherish the Japanese doll that I received from her for my seventh birthday. It will be the first time in a long time that I will see my aunt.

Comment 1

Rosa, my aunt is French. My father's younger brother met her two years ago when he went to Paris on a business trip, and they got married. I am learning French in college, so I am always asking my aunt when there is something I do not understand. My grades in French have steadily gotten better, and French has become more and more fun for me. Once I become fluent in French, I want to try writing a blog in French [like you write one in Japanese].

JANUARY 3
New Year's Eve

I arrived at my aunt's house during the evening of New Year's Eve. My aunt's house is located near the Shinkansen station. From the living room I had an excellent view of the port lights.

I saw my cousin Ichiro for the first time in fifteen years. He looked so much like my father, I was amazed. Because last year he had been unable to get into the university that he wanted to attend, Ichiro has become a *ronin* for one year and is now studying for exams.

In Ichiro's room there was a *daruma*. The *daruma*'s left eye was black [i.e., had a black dot painted in to represent a pupil], but its right eye was still blank. He told me that he was going to paint in the blank eye once he passed [the entrance exam for] the university that he wanted to get into.

On the night of New Year's Eve, we ate New Year's Eve soba and then all got into the *kotatsu* to watch television. Just when it turned midnight, we heard a hooting sound: the sounds of the port's ship whistles [saluting the New Year]. We all greeted each other for the New Year with the words, "Happy New Year."

NEW YEAR'S DAY
On New Year's Day we drank *otoso* and then ate the *osechi* and *ozoni* that my aunt had prepared.

Otoso is [a kind of] sake that is drunk during the New Year. *Osechi* is traditional Japanese New Year cuisine. In the old days, everyone prepared enough food at home during the year's end to last from New Year's Day to the third. Nowadays you can buy *osechi* at department stores and supermarkets, so that an increasing number of households no longer make *osechi*. *Ozoni* is soup with rice cakes in it. There are many different styles of *ozoni* according to region. In the Kansai region people often use round rice cakes [to make *ozoni*], but I heard that in the Kanto region they use rectangular rice cakes.

The *ozoni* at my aunt's house used round rice cakes and had a lot of vegetables in it. After eating good-tasting *osechi*, we went to a nearby Shinto shrine to pay our New Year visit.

Comment 1

On New Year's Day I put on a kimono and went to pay a New Year visit to a large Shinto shrine located in the town next to mine. Although the place was crowded with a lot of people, I didn't see many people wearing kimono. It is unfortunate, but recently the number of people who go visit shrines on New Year's Day wearing kimono has decreased. I think that traditional culture should be valued, but what do you think?

LESSON 14

Exchange of e-mail

JANUARY 15
Snow Festival

Rosa, it's been a while. How are you?

The snow is piled up in Hokkaido. I have been out enjoying skiing every week, so that I have gotten very dark from having a snow tan. By the way, the Snow Festival is going to take place in Sapporo next month for a week starting from February 6. Won't you come with Yoko to see it, if you like? Here is a photograph I took at last year's Snow Festival. If you can come for two or three days, I will be able to take plenty of time to show you around Sapporo. Do please come by all means.

Sato

RE: Snow Festival

Mr. Sato, thank you for your e-mail. I'm sorry I haven't been keeping in touch. Thank you for your kindnesses during our time on Mt. Fuji.

I have always wanted to go see the Snow Festival at least once. I will ask Yoko whether she can get some time off.

Rosa

Reservations

Rosa, thank you for your prompt reply.

I think that you should make reservations early, since Sapporo gets very crowded around the time of the Snow Festival. Please contact me once you find out your schedule.

Sato

How about coming with me to the Snow Festival?

Have you been keeping busy with work, Yoko? It must be hard to commute every day from Kamakura to your office in Tokyo.

Yesterday I received an e-mail from Mr. Sato in Sapporo. He told me that the Snow Festival was going to be from February 6. Can you take time off around February 6? If you can get time off, how about coming with me?

Rosa

RE: How about coming with me to the Snow Festival?

Rosa, thank you for your e-mail.

The Sapporo Snow Festival—that does sound appealing! I haven't been to it yet either, so I would definitely like to go. My boss is on a business trip right now, however, so I won't know until next week whether I can get some time off. I will contact you right away once I find out.

Yoko

RE: Reservations

Mr. Sato: Yoko told me that she will be able to go with me if she can get time off. She said that she will know whether or not she can get time off next week. I will contact you right away once I find out.

Also, when I tried looking things up today on the Internet, I found all sorts of Snow Festival tours departing from Tokyo. The least expensive is a tour for three days and two nights that costs ¥48,000 for an airplane ticket with hotel included. If Yoko is able to get time off, I think that I will make reservations next week.

I am looking forward to seeing you in Sapporo.

Rosa

LESSON 15

Rosa's blog

MARCH 3 ——
Employment exam for a newspaper company

Yesterday I took an employment exam at the Tokyo branch bureau of Canada Newspapers. Canada Newspapers is the largest and best known newspaper company in Canada. It was recruiting reporters, so I decided to go ahead and apply.

Before applying, I called my parents in Canada. If I become a newspaper reporter, I might not be able to live near my parents' house. But my father told me that it would be best for me to do work I want to do. My mother agreed.

The employment exam consisted of a written exam and an interview. Since the company was recruiting reporters proficient in Japanese, there was also a Japanese language test. For the written exam, I read a long article and then wrote down the answers to some questions. Reading through a long article was difficult, but because it was about Japanese temples it was not very difficult to answer the questions. I was glad I had been to Nara and Kyoto.

During my interview I talked in detail about why I wanted to become a newspaper reporter. I also talked about how I traveled all over Japan. The person from the newspaper company told me that what I said about my travels was interesting, so perhaps I will be able to pass.

Good news

Yesterday I received good news from Canada Newspapers. That is, I got a notice of acceptance through e-mail. I let my parents in Canada know by phone right away. I had always wanted to be a newspaper reporter since I was a child, and so last night I felt so happy I could hardly sleep.

MARCH 11

Going back to Canada

This morning the necessary paperwork for joining the company arrived from Canada Newspapers. I will start working there from March 26. Once I join the company, I will undergo training for three months at the main office in Toronto. I should return to Canada as quickly as possible, despite which I still haven't done anything at all yet to prepare myself for going back. Starting from today I'm going to be busy, what with having to get ready to move out of my apartment and also having to buy souvenirs.

Comment 1

Congratulations, Rosa! I'm very happy, too, to hear that you passed. If you are going to be busy, you may not have enough time to write your blog either, will you, Rosa? I'm sorry that I won't be able to read your blog [anymore], but I will look forward to reading your articles instead.

MARCH 15

Goodbye, everyone!

Tomorrow I will be leaving Japan. So today will be the last for this blog, too.

Thank you, everyone, for your many comments. Thanks to your comments, writing this blog was a lot of fun.

Once I become a newspaper reporter, I plan to write many articles introducing Japan. I think that while Canadians do know about Japanese anime, sushi, and so on, they still don't know very much about its history or nature. I want to serve as a bridge connecting Japan and Canada. I think that things are going to get busy once I go back to Canada, but I'm going to work hard, so please cheer me on.

I regret having to leave Japan, but hope to come again someday. Until then, for a while, goodbye!

Please, everyone, take care of yourselves.

Rosa Hoshino

An all-new edition of the all-time best-selling textbook

JAPANESE FOR BUSY PEOPLE:
Revised 3rd Edition

Association for Japanese-Language Teaching (AJALT)

The leading textbook series for conversational Japanese has been redesigned, updated, and consolidated to meet the needs of today's students and businesspeople.

- Free CD with each text and workbook
- Edited for smoother transition between levels
- Hundreds of charming illustrations make learning Japanese easy
- Clear explanations of fundamental grammar

VOLUME 1 Teaches survival Japanese, or about one-third of the vocabulary and grammar typically introduced in beginner courses.

- **Japanese for Busy People I: Revised 3rd Edition, Romanized Version**
  Paperback, 296 pages, CD included   ISBN: 978-1-56836-384-4

- **Japanese for Busy People I: Revised 3rd Edition, Kana Version**
  Paperback, 296 pages, CD included   ISBN: 978-1-56836-385-1

- **Japanese for Busy People I: The Workbook for the Revised 3rd Edition**
  Paperback, 128 pages, CD included   ISBN: 978-1-56836-399-8

- **Japanese for Busy People I: Teacher's Manual for the Revised 3rd Edition**
  Paperback, 144 pages, all in Japanese   ISBN: 978-1-56836-400-1

- **Japanese for Busy People: Kana Workbook for the Revised 3rd Edition**
  Paperback, 114 pages, CD included   ISBN: 978-1-56836-401-8

VOLUME 2 Brings learners to the intermediate level, enabling them to carry on basic conversations in everyday situations.

- **Japanese for Busy People II: Revised 3rd Edition**
  Paperback, 328 pages, CD included   ISBN: 978-1-56836-386-8

- **Japanese for Busy People II: The Workbook for the Revised 3rd Edition**
  Paperback, 176 pages, CD included   ISBN: 978-1-56836-402-5

VOLUME 3 Covers intermediate-level Japanese.

- **Japanese for Busy People III: Revised 3rd Edition**
  Paperback, 328 pages, CD included   ISBN: 978-1-56836-403-2

- **Japanese for Busy People III: The Workbook for the Revised 3rd Edition**
  Paperback, 144 pages, CD included   ISBN: 978-4-7700-3036-8

- **Japanese for Busy People II & III: Teacher's Manual for the Revised 3rd Edition**
  Paperback, 256 pages, all in Japanese   ISBN: 978-4-7700-3039-9

www.kodanshausa.com